U0417922

文化型企业

岳顺民 等——著

机械工业出版社
CHINA MACHINE PRESS

优秀文化孕育着卓越管理，卓越管理承载着优秀文化。本书结合优秀文化和先进的国内外管理思想，以企业管理实践为基础，首次提出文化型企业管理理论，旨在还原企业管理中文化的力量，实现“员工成长、企业发展、社会进步”。

本书共包括三部分内容，分别为“道”篇：文化型企业理论建构；“术”篇：文化型企业管理实践；“诗”篇：诗话历程。

本书可供学界、业界、政商管理界相关人士参考。

图书在版编目（CIP）数据

文化型企业：“道”与“术”/岳顺民等著.—北京：机械工业出版社，2023.3

ISBN 978-7-111-72709-5

Ⅰ.①文… Ⅱ.①岳… Ⅲ.①文化产业-企业管理-研究 Ⅳ.①G114

中国国家版本馆CIP数据核字（2023）第036029号

机械工业出版社（北京市百万庄大街22号 邮政编码100037）
策划编辑：朱鹤楼 责任编辑：朱鹤楼
责任校对：樊钟英 张 薇 责任印制：李 昂
北京联兴盛业印刷股份有限公司印刷
2023年4月第1版第1次印刷
145mm×210mm · 9.5印张 · 3插页 · 164千字
标准书号：ISBN 978-7-111-72709-5
定价：98.00元

电话服务 网络服务
客服电话：010-88361066 机 工 官 网：www.cmpbook.com
010-88379833 机 工 官 博：weibo.com/cmp1952
010-68326294 金 书 网：www.golden-book.com

机工教育服务网：www.cmpedu.com

编写委员会

作者简介

岳顺民，男，汉族，1966 年 6 月出生于天津，南开大学理学学士，天津大学工学硕士、博士、博士后，教授级高级工程师；南开大学网络空间安全学院兼职教授，天津大学 MBA 企业导师；中华诗词学会会员；中国电力书法家协会会员；天津市作家协会会员；天津市企业文化研究会会员。

岳顺民博士在长期的科技创新和企业管理实践中，积淀了深厚的理论基础、科研能力和管理经验，出版了《配电市场价格分析及价格监管模式》《基于协同理论的 ERP 上线之路》等著作，发表科技类论文数十篇。同时，根植于扎实的文化底蕴和纯粹的文人初心，岳顺民博士以深刻的洞见、美妙的意境、灵动的笔触，记录着工作与生活中的精彩点滴，创作并出版了《心岳集》诗词集。

自 2000 年以来，岳顺民博士历任能源供应、生产检修、科技创新、市场营销与交易、基础建设、信息通信等领域业务单位负责人，管理成效显著，多次荣获省部级及以上科技与管理成果奖项，其中《能源物联海量终端接入与安全管控关键技术研究及应用》等3项成果荣获天津市科学技术进步二等奖，《数字化信通建设》等3项成果荣获天津市企业管理现代化创新成果二等奖。

岳顺民博士带领企业顺应时代发展，以“员工成长、企业发展、社会进步”为宗旨，擘画了“文化型企业”发展蓝图，建构了以“基因、进化、命态”为生命体形态的“文化型企业”理论和方法论体系，开启了结合实际工作的“文化型企业”建设之路，经过7年的不懈奋斗，初步建成了“文化型企业”。近年来，该企业各项生产经营指标完成优异，业绩考核指标持续保持A级（最高），获全系统管理提升“标杆企业”等多项荣誉。

在岳顺民博士的带领下，这家拥有卓越管理的“文化型企业”正在砥砺前行、迭代升级，不断地创作出美丽的诗篇。

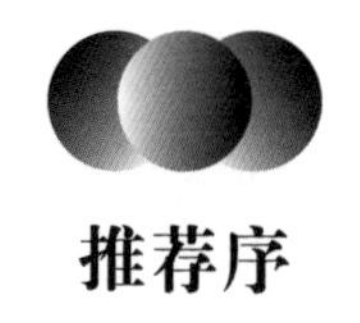

推荐序

“文化+管理”，正当其时

随着时代的进步、经济的发展、研究的深入，近年来，中国企业集群在世界范围内快速崛起，单纯的西方管理理论已经不足以系统全面地解释中国企业群体崛起的内因，进而指导中国企业的管理实践，建构中国特色的企业管理理论体系的呼声与需求日益强烈。

综观国内外的学术研究与企业运营实践，那些长期取得显著绩效的公司，尽管在企业经营领域、组织流程和管理实践等方面的做法各不相同，但许多经营管理方面的做法如果继续深入探究下去，都能追溯到文化上来。

文化与管理的相互影响关系一直以来都是文化研究者和企业管理人员十分关注的问题。如果人们能够很好地认识文化的结构、功能及其与管理的相互影响关系，必将对中国企业的发展和管理具有重要的指导意义。

企业的核心竞争力既包括资本、技术、装备、土地等生产要素组成的硬实力，也包括文化、管理等软实力。企业的软实力主要体现在两个方面：一方面是管理的力量，包括企业的管理模式与管理技术等要素，它通过设计与改进企业的组织结构、促进企业资源的优化配置，避免企业在管理上犯低级错误，降低资源的损耗与浪费；另一方面就是文化的力量，它通过对企业内部与外部的诸多利益相关者的作用，着意解决企业内部员工的集体行为与效率问题，以及外部利益相关者对企业组织行为的理解、认同、接纳与支持问题。

站在企业的视角，通过对文化的结构与功能的分析，以及对文化与管理互融互促关系的深入研究，找到在中国特定的社会环境中，文化与管理相互影响的作用机理，以及如何通过加强文化建设带动企业管理进步与经营绩效及核心竞争力的不断提升，从而提高我国企业在国际市场与国内市场的综合竞争力，不仅具有较高的学术价值，也有着重要的现实意义。因此，以“如何通过文化与管理的和合融通，促进企业竞争力、凝聚力双提升”为主题的文化与管理融合研究就成为当前企业管理理论研究领域中的重要课题。

也正是基于此，当岳顺民博士、孙卫军博士联袂领衔开展

“文化型企业”专题研究，并邀请我担任学术顾问时，我欣然受邀，加入到了这一有着重要现实意义与学术价值的研究课题中来。

今天，《文化型企业：“道”与“术”》正式与广大读者见面了，我对课题组同志们辛勤钻研的精神深感敬佩，也为本书所取得的原创性理论研究成果深感欣悦。

本书在习近平新时代中国特色社会主义思想的指引下，从中国优秀传统文化中萃取精华，从国内外优秀管理思想中吸收营养，结合作者自身深厚的文化底蕴、扎实的管理理论素养、丰富的管理与文化实践经验，创新性地提出了系统化的文化型企业理论，总结并提炼出了较为完备的可实操、可借鉴的落地实践方法。

本书将原创性管理理论阐述与典型企业全过程实践案例解析紧密结合、相互验证，既有极高的理论原创性，同时又提供了一整套可供借鉴的“和合”管理机制、方法、工具箱与核心案例等，具有很强的理论指导意义与实践借鉴价值。

感谢课题组的辛勤努力与优秀成果。

宋志平

2022 年 11 月

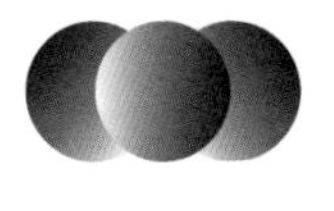

前　言

随着第四次管理革命浪潮的到来，越来越多的国内外研究学者将目光聚焦于基于文化的管理模式研究领域。对于企业而言，如何将优秀文化与企业管理相结合以促进企业可持续发展和高质量发展，成为业界管理者亟须研究的时代命题。

目前，基于文化的中国特色企业管理理论创新正处于蓬勃发展期，也面临着诸多困境。首先，直接将中国优秀文化应用到企业管理实践中面临着重“道”乏“术”的困境。其次，直接将西方管理方法应用到中国企业会经历“道”不合，“术”乏力的痛楚。最后，随着我国改革开放40多年的深入推进，企业在发展实践中不断取得重大成就的同时，也应该不断深化基于文化的中国特色企业管理理论研究。

针对以上问题，本书结合中国优秀文化和国内外经典管理理论，以企业管理实践为基础，创新性地提出“文化型企业”的理论与实践方法。

本书包括三个部分：①“道”篇：文化型企业理论建构。该篇包括文化型企业的时代呼唤、文化型企业理论体系和文化型企业管理三部分，分别回答了"文化型企业为什么""文化型企业是什么"和"文化型企业怎么管"三个核心问题。②"术"篇:文化型企业管理实践。该篇包括文化型企业建设路径设计、文化型企业"和合"管理实践和文化型企业建设成效及展望三部分，分别回答了"文化型企业怎么想""文化型企业怎么做"和"文化型企业怎么样"三个核心问题。③"诗"篇：诗话历程。该篇以诗词的形式，记录了文化型企业建设历程中的精彩瞬间，主要描绘了企业在不同阶段、与不同人物发生的难忘故事，以及产生的成长体悟、真挚情怀和思想感悟等，积淀企业发展底蕴，传承企业发展力量。

本书的主要特色：紧扣时代命题，提出研究问题；建构理论原型，建立方法体系；落地企业实践，完成理论验证；诗词赋能管理，涵养情怀沃土。具体而言，本书结合第四次管理革命浪潮和文化强国战略的时代背景，提出了当代中国企业如何解决好文化与管理相融合的理论与实践问题；建构了文化型企业理论；建立了文化型企业管理方法体系；通过A公司文化型企业建设实践，实现了文化型企业理论的完美验证；诗言志、文载道，一首首感人的诗篇，灵动、鲜活地记录着历程、激荡着心灵、传承着力量。

全书由岳顺民博士、张兆民博士、王志琼博士、孙卫军博士、吕国远、江黛茹、钊清、张旭博士、侯丹、张一萌所著。

本书由岳顺民总负责，他是本书的思想提出者、理论规划者、方法建立者、系统把控者和诗词创作者；第 2 章和第 3 章由孙卫军和张兆民负责，第 1 章和第 4 章由孙卫军、王志琼负责，第 5 章和第 6 章由吕国远、江黛茹、钊清、张旭、侯丹、张一萌负责。

最后，感谢成书过程中学界、业界相关学者与专家的关心与指导，感谢机械工业出版社的支持与帮助。

2022 年 11 月

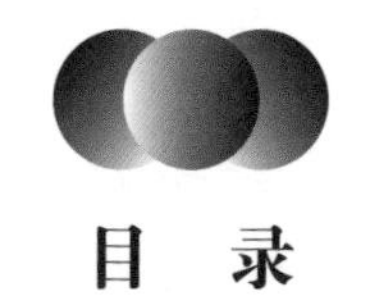

目　录

"诗"篇：诗话历程

“道”篇：文化型企业理论建构

第 1 章

为什么——文化型企业的时代呼唤

“没有成功的企业，只有时代的企业。”所有企业都要回答时代的问题、呼应时代的需求，因时而变。如今企业要回答的一个最大问题就是在新一轮科学革命、工业革命和管理革命的背景下，如何进行企业管理。企业要做出怎样的改变，才能成为引领时代的企业。对企业来说，这绝不仅是技术问题，更是需要企业在全新管理模式下进行组织重构。企业发生的大变革往往是从认知变化、新观念产生、实践摸索和理论突破开始的。为此，本章从文明发展与文化力量的认知变化、文化强国战略、中国企业管理的实践探索及中国特色企业管理理论等方面，阐述了为什么要进行文化型企业的建设。

建设文化型企业是时代的呼唤，也面临诸多困难：第一，从人类文明的起源着眼，我们应捋清人类进化历程中文化的发展脉络，从中发现文化与管理息息相关、密不可分，共同推动人类文明的进步。第二，建设文化型企业是坚定文化自信的当代需求，是文化强国战略在企业实践的具体体现，是中国企业管理实践的迫切需求。第三，在利用中国优秀文化进行企业管理方面，我国企业面临重“道”乏“术”等困境；在西方经典管理理论应用于中国企业管理实践方面，我国企业经历“道”不合，“术”乏力等痛楚；在企业从朴素实践到理论探索方面，我国企业遇到思维瓶颈、体制瓶颈和机制瓶颈等诸多难点。第四，当今世界正面临第四次管理革命浪潮，建设文化型企业是基于文化的中国特色企业管理理论发展的需要。

本章具体内容架构如图 1-1 所示。

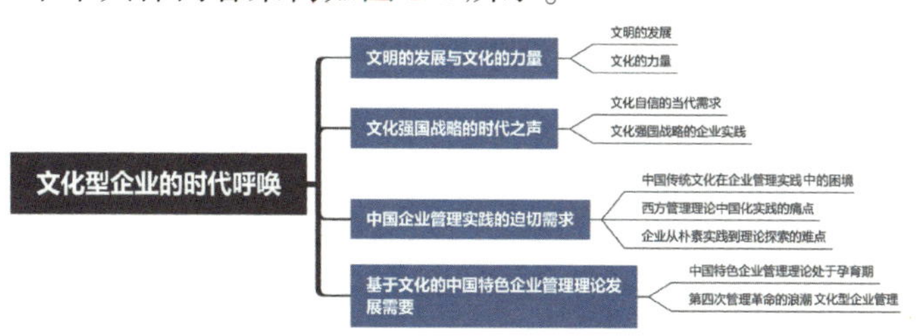

图 1-1　第 1 章具体内容架构

1.1 文明的发展与文化的力量

文化的主体是人，是人类知识体系、价值体系和工具体系创造、积累和传承的成果，文化发展的核心力量是人类知识的系统化；文明则是一种具有普遍意义的实体，是由文化成果凝聚而成的，是人类文化在各个时期所创造的物质成果、精神成果、社会体系和行为规范的客观实在[1]。文化产生、积淀和传承于社会文明，同时也推动着社会文明的发展。

1.1.1 文明的发展

何谓文明？文明有多种解释。有学者认为文明是人类生产、生活和其他社会活动的组织方式，这些组织方式往往基于历史的发展和方式变化，从而表现为不同的形态[2]16。本书倾向于认为文明是由文化成果凝聚而成的，是人类文化在各个时期所创造的物质成果、精神成果、社会体系和行为规范的客观实在和外观显示。文明具有以下特点：①以客观的物质实物为标志，如村落、城镇、民族、国家、政治制度、宗教实体、经济发展状况等；②有一个相对稳定的发展时期，在生产工具体系、社会制度体系没有发生重大变革和生产力发展水平没有达到质变以前，不会产生质的飞跃；③必须有为社会所公认的行为准则，并通过语言、历史、宗教信仰、风俗习惯和各种社会制度等客观因素及人们主观上的自我认同加以规范。

我们可以从人类发展的主线中揭示出文明发展演化的路径。人类对自然的改造史是人类发展史的主线，人类的发展归根结底是物质生产方式的发展[3]。为了促进物质生产方式的发展，人类还推动了许多其他方面的发展。首先，改造自然的实践的发展要伴随人的“肉体——工具”结构的发展，即个体的发展。其次，改造自然的实践的发展还伴随着社会制度和社会形态的发展。最后，随着物质生产方式的发展，人类的意识文化也在不断发展，包括各种知识文化和价值观念。于是，以物质生产方式的发展为主线，以个体的发展、社会关系的发展、社会意识的发展为重要因素，构成了人类发展的主要内容。这种多因素的发展并不是零散的、孤立的，而是相互关联、相互制约的统一的发展，于是就形成了统一的人类文明。不同层次的物质生产方式，以及与之相适应的个体形态、社会制度、社会意识形成了不同发展阶段的人类文明形态，其中包含着与各个文明形态相适应的管理方式。

本书以物质生产方式的不同发展阶段和形态来命名不同的文明形态，包括采集与渔猎文明、农业文明和工业文明等。此处，“文明”作为一种文化形态，包含物质文化、制度文化和意识文化等方面。当然，人类文明的发展阶段还有其他划分方式，如根据社会关系的不同，人类文明可大体划分为四个发展阶段：原始社会文明、奴隶社会文明、资本主义社会文明和社会主义社会文明，对此本书不再展开论述。

在文明形态的演化中既有量的变化，也有质的飞跃，但是文明形态的飞跃绝对不是文明的断裂，而是表现为许多复杂文化要素的传承和转换[2]17。在文明的发展历程中，文化的要素与管理的要素相互关联、相互促进，共同推动了人类文明的进步。

1. 采集与渔猎文明

采集与渔猎文明的本质是人类对自然界中的野生动植物的采集和渔猎。在这一文明形态下，简单的生产组织形式已经形成：劳动对象是野果、野兽和水生生物等；劳动方式是协作采集和渔猎等；生产要素主要是石器、骨器和人力等；劳动产品是果实和猎物等。一方面，采集与渔猎文明对自然界中的生物资源和生态环境高度依赖；另一方面，采集与渔猎文明的生产方式具有一定的惰性。对于种群还很小的原始人维持这种生活，地球的自然环境提供了巨大的扩展空间，增强了采集与渔猎生产方式难以轻易改变的惰性。因此，采集与渔猎文明发展缓慢，从而使人类的社会组合、意识观念的进化也十分缓慢。在采集与渔猎文明中，人类生产组织形式和人类超越动物性的文化性的存在，逐步展现了原始的管理和文化力量，使人类经历了漫长的采集与渔猎文明的演进，并且战胜了大自然的众多挑战，最终得以走向更高的文明形态。

2. 农业文明

农业文明中人类的生产和生活方式从采集食物和渔猎生活转变为种植庄稼和养殖牲畜等。在这一文明形态下，生产组织形式相对采集与渔猎文明有所改变：劳动对象为土地和牲畜；劳动方式为合作种植、养殖和手工制造等；生产要素为手工工具、薪柴和畜力等；劳动成果为粮食、牲畜和手工器具等。某种意义上，如果说采集与渔猎文明时期还不算是真正的物质生产，那么在农业文明时期人类才真正进入属于食物获得的生产阶段。在农业文明中，人类的能动性显著增强，人类的物质生活得以保障，因而人类的社会组织、社会制度、社会生活、意识文化活动等也逐渐丰富，管理的要素和文化的要素更加能动、自觉化，逐渐展现出文化和管理的融合力量，逐步驱动农业文明向更高级的文明形态进化。

3. 工业文明

18 世纪开始于英国的产业革命，是从农业文明向工业文明的历史性转变。从本质上讲，工业文明是物质生产方式的全面变革。在这一文明形态下，生产组织形式可谓彻底改变：物质生产方式转变为大规模采掘、冶炼、加工和制造等；劳动对象变为矿藏、毛、丝、棉、钢铁等加工制造对象;生产要素变为以蒸汽机为代表的动力机器;生产主导能源变为以煤炭和石油为主的矿石燃料;劳动产品变为全新的工业产品,无论在形式上还是功能上都与农业产品完全不同。在工业文明中,人类的生产方式和社会生活方式发生了质的改变,生产效率显著提高,人们的物质生活和精神生活更加丰富。工业文明对于人类的意义不再是维持生命,而是拓展生命,是生命活动的进一步延伸,是一种拓展生命的文明形态。在工业文明时期,以哲学、科学和文学为代表的文化要素已经逐渐繁荣,同时经验管理诞生并走向成熟。文化和管理更加相互交融、相互促进,共同推动人类文明不断进化。

人类进化发展的本质是:人类在基因遗传和进化主导下,由自发到自觉地认识、适应和改造自然,使物质生产方式由低级到高级不断演进,最终进化出不同的人类生命体形态(简称命态)。不仅自然人如此,企业法人和社会组织等也适用同样的规律。纵观文明的发展进程,因为文明的发展是以人类的发展为主线的,所以文明的发展也具有同样的规律,即在文明“基因”的主导下,文明不断发展进化,形成不同的文明形态。上述规律可总结为:生命体发展的主导作用是基因,演化进程是进化,进化结果是命态。基于此,本书提出类生命体概念,它包含基因、进化和命态三要素。

1.1.2　文化的力量

何谓文化？余秋雨先生认为，“文化是一种包含精神价值和生活方式的生态共同体。它通过积累和引导，创建集体人格”。美国学者阿尔弗雷德·克罗伯和克莱德·克拉克洪在《文化：一个概念定义的考评》一书中指出：“文化是指人类生产或创造的，而后传给其他人，特别是传给下一代人的每一件物品、习惯、观念、思维模式和行为模式。”广义的文化是指人进行有目的的活动的结果，即人们在其物质活动和精神活动中所创造的一切，既包括物质文化也包括精神文化。狭义的文化是指精神文化或观念形态，仅包括与精神生产直接有关的现象，如政治法律、道德、艺术、哲学、宗教等的思想观念的生产活动及其产品。

文化是一只看不见的巨手，能够在人们认识世界、改造世界的过程中激发生产力、提高竞争力、增强吸引力、形成凝聚力，转化为强大的力量。华为主要创始人任正非先生曾说：“资源是会枯竭的，唯有文化才会生生不息。”文化影响着人们的思维方式、审美情趣、价值取向、伦理原则、道德观念，关系着民族的性格、精神、意识、思想、语言和气质。英国前首相温斯顿·丘吉尔也曾说：“我宁愿失去一个印度，也不愿失去一个莎士比亚。”原因就在于文化独特的意识形态属性和功能。文化是民族的血脉，文化人是软实力的核心。

随着全球化时代的到来，文化在经济社会发展中的地位逐渐从边缘走向中心，文化的力量也从潜隐走向外显[4]94。徐光春先生将文化的力量概括为 15 个方面[5]：文化具有反映力；文化具有教化力；文化具有引导力；文化具有感染力；文化具有凝聚力；文化具有鼓动力；文化具有创造力；文化具有亲和力；文化具有调节力；文化具有自信力；文化具有净化力；文化具有传播力；文化具有生产力；文化具有战斗力；文化具有推动力。这充分显示了文化的力量无所不在，可以说文化的力量已渗透到社会生活的各个方面。另外，如果从文化哲学的视角来看，那么文化的力量还可以概括为塑造力、维系整合力、凝聚支撑力、引导驱动力、感召力、影响力和经济与价值竞争力[4]94。

从文明的发展历程中，我们也可以看到文化的力量。在早期的文明发展进程中，由于生产力的落后，物质生活资料比较匮乏，人们主要依靠物质生产资料、资本和体力劳动等物质力量的投入推动生产力的发展，物质力量是经济和社会发展的主导力量。越来越多的理论研究和实践经验表明，在文明的迭代过程中，文化力量正在形成超越物质力量的趋势，成为经济和社会发展的主导力量，是人类的本质力量。基于此，本书提出文化的力量也是类生命体的本质力量，并且文化的力量是通过类生命体的三要素发挥作用的。

下面从基因、进化和命态三要素来诠释文化力量对类生命体的作用机制。

第一，从基因的要素来看，在生物学概念上，基因是遗传因子，是决定生命体的内在因素，深刻影响着每一个生命体的生命和行为。与基因在生物进化过程中所起的作用类似，在诸如思想、组织、制度、思维方式和行为方式等类生命体的管理和文化要素的形成过程中，同样是“基因”起着决定性作用，这个作用力的本质就是文化的力量。

第二，从进化的要素来看，在生物学概念上，进化是指种群里的遗传性状在世代之间的变化。所谓性状就是指基因的表现。类似地，类生命体的“进化”就是思想、组织、制度、思维方式和行为方式等“遗传性状”传递与变化的过程。

第三，从命态的要素来看，在生物学概念上，生命体在基因的作用下逐渐进化而表现出的状态就是命态。类生命体的“命态”就是经过进化后思想、组织、制度、思维方式和行为方式等的存在状态。

1.2　文化强国战略的时代之声

中共中央总书记习近平在中国共产党第十九次全国代表大

会的报告中指出:“文化是一个国家、一个民族的灵魂。文化兴国运兴,文化强民族强。没有高度的文化自信,没有文化的繁荣兴盛,就没有中华民族伟大复兴。”我们应坚持中国特色社会主义文化发展道路,激发全民族文化创新创造活力,建设社会主义文化强国。以文化凝聚力量、为强国铸魂赋能,是如今的时代之声。

1.2.1 文化自信的当代需求

中共中央总书记习近平指出,我们要坚持道路自信、理论自信、制度自信,最根本的还有一个文化自信。文化自信是中国特色社会主义文化自信,中国特色社会主义文化有三个构成要素:中华优秀传统文化、革命文化和社会主义先进文化[6]52。这三个方面是一个有机整体。文化自信是道路自信、理论自信和制度自信的题中应有之义。中国特色社会主义道路、理论、制度和文化是一个有机整体,道路是实现途径,理论是行动指南,制度是根本保障,文化作为精神力量内化于道路、理论和制度之中[7]。文化型企业的提出和建设是坚定文化自信的有力诠释。

1. 文化自信是最基本、最深沉、最持久的力量

文化兴国运兴,文化强民族强。一个国家、一个民族、一个企业、一个个体只有坚定文化自信,才能有坚持的定力、奋发的勇气和创新的活力。

(1) 文化自信是最基本的力量

文化如水，润物无声。文化能够塑造人，能影响人的思维方式、行为方式和生活方式，更关系着国家和民族发展的方方面面。文化无处不在、无时不有，因而文化自信辐射面广、作用面广、动员面广。没有一个人的生活能脱离文化的熏染，也没有一个国家、民族、社会和企业的发展不受到文化的浸润和滋养。

(2) 文化自信是最深沉的力量

“源浚者流长，根深者叶茂。”一个民族的文化植根于民族繁衍和发展的历史之中，需要经过时间的淘洗、实践的锤炼、长期的孕育，这是一个不断积淀和传承的过程。因而，文化是一个民族的基因，塑造着这个民族的精神气质，涵育着人们的精神世界，其影响既潜移默化又深沉厚重。中华文化的强大感召力和吸引力铸就了新时代坚定文化自信的强大底气。

(3) 文化自信是最持久的力量

文化无影无形，但却有强大的韧性和顽强的生命力。古往今来，国家可能消失在历史长河中，唯有文化薪火相传，而且越是在危难关头，越能迸发出激荡人心的强大力量。文化自信一旦树立起来，就会融入社会成员的血液，渗透在人们工作和生活的方方面面，生生不息、代代传承。

2. 文化自信对企业管理的具体要求

文化自信的战略背景给企业管理提出了具体要求[8]，如下所述。

（1）弘扬中华优秀传统文化

中华民族拥有非常悠久的文化历史，无论是道家还是儒家思想都能体现文化自信。在文化自信的大背景下，企业在管理过程中首先必须坚持对民族文化的认可与认同。在5000多年的文明发展进程中，中华民族创造了博大精深的文化，形成了富有特色的思想体系，其中的文化价值跨越时空。其次，企业在管理中需要充分运用和弘扬优秀传统文化，加强对员工的文化引领，引导员工吸收传统文化中的正能量，这些都能对企业的发展和社会进步产生积极的推动作用。

（2）传承和培育革命文化

革命文化是中国共产党和中国人民在长期的革命斗争实践中形成的。革命文化是中国特色社会主义文化的“红色基因”和“红色血脉”，革命年代所产生的优秀文化在新时期依旧具有熠熠生辉的时代价值[6]55。首先，革命文化具有跨越时空的强大感召力。革命文化贯穿中国共产党党史、中国革命史始终，是砥砺中国共产党奋斗和中国革命前行的精神支柱，是新时代激励全国勠力同心实现中华民族伟大复兴、坚定文化自信不可或缺的精神因素。其次，革命文化铸就了文化自信的红色基因。革命文化承载着中国共产党的初心和使命，为社会主义文化注入了代表信仰和奋斗的红色基因，成为近代以来中华民族重塑文化自信的精神支柱。最后，坚定文化自信要做好对革命文化的守正创新。在企业管理中，坚定文化自信就要不断传承和发扬革命文化，形成推动企业和社会全面发展的精神力量。

（3）扩大社会主义先进文化的影响

培育和践行社会主义核心价值观有助于社会主义先进文化的发扬。社会主义核心价值观是当代中国精神的集中体现，凝结着全体人民共同的价值追求。要把社会主义核心价值观融入经济社会发展的各个方面，转化为人们的情感认同和行为习惯。在企业管理中，社会主义核心价值观是形成和产生文化自信的土壤和胚芽。企业管理不仅要强调员工对社会主义先进文化的学习，还要鼓励员工做社会主义核心价值观的坚定践行者，让社会主义核心价值观成为企业员工的行为标尺。

（4）借鉴与吸收西方文化的优秀元素

当今中国既要坚持以习近平新时代中国特色社会主义思想为指导的主流意识形态，又要引领各种有益学派的包容性发展；既要吸收和借鉴人类一切优秀文化遗产，又要自觉抵制西方错误思想的入侵和误导。在企业管理中，我们要始终坚持辩证唯物主义和历史唯物主义的立场，辩证地看待问题。西方文化中会有先进的部分，但也存在相应的缺陷。因此，我们要辩证地看待西方文化，取其精华，去其糟粕。企业不仅要吸收西方文化中优秀的部分，还要能够清醒地认识到西方文化中与我国国情不相符合的内容。我国是一个立足于全球经济发展中的开放和包容的国家，必须要以公正的、客观的态度对待西方文化，吸收对企业发展和社会进步有益的文化成果。

只有始终坚定文化自信，向世界充分展示中华文明的博大精深、深厚积淀和强大生命力，才能使中华民族在伟大复兴之路上行进得更加坚实、更加有力、更加自信。企业管理者应该顺应文化自信的当代需求。

1.2.2 文化强国战略的企业实践

建设文化型企业是深入贯彻落实文化强国战略的重要实践之一。为深入贯彻落实中国共产党中央委员会提出的文化强国战略，以实际行动促进社会主义文化大发展大繁荣，提升企业核心竞争力，大多数企业进行了文化建设的艰辛探索与实践。

1. 企业是文化强国建设的重要承载者和践行者

文化强国战略的提出标志着中华民族的文化自觉和文化自信站在了一个新的高度，同时还表明我国不仅要在国内形成文化、政治、经济、社会和生态文明各方面协调发展、相互促进的良好格局，更要在国际上产生强大的文化影响力，成为一个文化强国。

企业是文化强国建设的重要承载者和践行者，其健康持续成长在承担公益责任、维护经济社会稳定和推动社会进步等诸多方面都发挥了不可替代的作用。文化强国战略的提出和文化自觉地位的凸显为今后我国的企业发展指明了方向。只有通过提升企业的文化自觉，才能使企业内部形成有利于改革、发展的文化底蕴，使企业全体员工增强对国内外多变的形势的适应能力，进而转为企业更大、更持久的成长动力。

在推动社会主义文化大发展大繁荣的伟大征程中，企业担负着重要责任。从国际经验看，文化强国有文化产业化与产业文化化两条重要路径，企业是开拓这两条路径的重要主体之一。从我国的实际情况来看，广大企业是文化大发展大繁荣的直接推动者。传承中华优秀文化、弘扬革命文化、发展社会主义先进文化和践行社会主义核心价值观都离不开企业的文化建设。因此，企业担负着社会主义文化建设的重要责任。

2. 从文化强国到文化强企

当今世界，企兴国强，企业发展是国家富强、民族进步和社会进步的重要基础。从宏观上看，文化实力和竞争力是国家富强、民族振兴的重要标志；从微观上看，文化实力和竞争力则是企业兴旺、基业长青的动力与源泉。对企业来说，落实文化强国战略要从文化兴企和文化强企做起，通过加强文化建设，提高企业的文化实力和竞争力，为建设社会主义文化强国、增强国家文化实力和竞争力打基础、做贡献[9]。

文化强国的战略使企业不仅要追求基业长青的普遍意义，还要追求履行社会责任的特殊意义。随着企业成为社会文化产生和传播的中坚力量，优秀的企业管理理念、文化素养、价值观等也就成为文化强国建设的重要内容。因此，在文化强国战略的引领下，企业将承担更多的历史使命，要从社会主义文化大发展大繁荣和践行社会主义核心价值观的高度，实施文化强企的企业战略。

在文化强国战略的时代大潮中，企业需要不断深化文化建设，走上文化管理之路，增强自身的文化属性，坚定清晰的使命、鲜明的理念、正确的价值观，从而使自身的人文素养与时代特色更相匹配，逐渐形成一种新的企业形态——文化型企业。

1.3 中国企业管理实践的迫切需求

西方的科学管理侧重“理性”，而东方的人文式管理则侧重“人性”。随着全球化进程的发展和人类文明的不断进步，在西方管理的“理性”和东方管理的“人性”两个方向中间找到一个合适的发展平衡点，是中国企业在管理实践中面临的迫切需求。一方面，部分企业全面利用中国传统文化进行企业管理实践仍面临一定的困境；另一方面，全面借鉴西方管理理论的企业也会“水土不服”，存在诸多痛点。此外，企业从朴素实践到理论突破会遇到一些不易克服的难点。

1.3.1　中国传统文化在企业管理实践中的困境

中国传统文化是一座管理和文化资源都极为丰富的宝藏。中国人民大学葛荣晋教授认为，中国传统文化主要由理论层面和实践层面两个部分构成[10]。在理论层面上，中国传统文化主要包括四个方面：①中国历代政治家和思想家的治国方略与管理之道；②中国历代文人学者作品中所蕴含的管理思想；③中国古代兵书中的管理之道；④中国古典小说和史书中的管理思想。在实践层面上，中国传统文化主要包括三个方面：①明清商帮的经营理念和管理艺术；②近百年来的海外华人企业家的成功管理之道；③中华人民共和国成立以来国有企业和民营企业的管理经验。对于这些中国文化智慧，企业必须与时俱进，站在时代精神的高度，与经典管理理论相结合，对其进行新的诠释，为现代管理带来借鉴和启示。

当今，借用中国传统文化对企业进行管理是一个热点话题，也被越来越多的企业所认同。然而在实践中却发现，对于大多数企业，这种借用传统文化建构企业管理模式的方式并没有带来良好的效果，甚至会适得其反，造成管理低效。在企业管理实践中应用中国传统文化面临的一些困境如下。

1. 重"道"乏"术"

中国传统文化源远流长、博大精深，蕴藏着的许多哲学思想和道理，在几千年前就达到了很高的境界，并对后人产生了重大的影响。但我们也应看到这些优秀的管理思想在几千年的实践中面临诸多困难，缺乏具体的落地实践手段。即使在当代企业管理中，企业的人性化管理、文化建设的实际效果也不甚理想，并没有体现出中国优秀传统文化的管理力量。卓越的管理智慧仅仅停留在宏观的哲学层面，而没有必要的技术支撑，缺乏相应的微观实践基础。

2. 见木不见林

第一，将传统文化简单地区分为优秀与糟粕两类，会产生以偏概全的问题[11]。传统文化并非简单地区分出几个名词那么简单，它是一个完整的体系，是一个有机的系统。系统中各部分相互作用和相互影响，不能简单地将整体进行分割，只看部分而不顾整体。对于中国传统文化，企业既需要通过分割剖析来认识文化的本质，又需要围绕本质，系统地整合文化要素，形成有机运转体系，还原出文化的力量。

第二，在应用中国传统文化的过程中，企业不能简单地做减法，要学会适度地做加法。企业应该结合社会或者自身的实际情况，吐故纳新，重构各要素之间的联系，形成不断迭代优化的有机运转体系。

1.3.2　西方管理理论中国化实践的痛点

西方管理理论是在西方文化的土壤里产生和发展起来的，它本身就是西方文化的一部分[12]。由于西方文化与中国文化存在着较大的差异，所以在引进西方管理理论来指导中国企业的管理实践时，不能不考虑由于文化差异而带来的不适应。如果不注意到这一点，西方管理理论的“矢”有可能射不准中国管理实践之“的”，不仅不会带来效果，还有可能造成负面影响，出现“理论一套套，绩效往下掉”的尴尬局面[13]29。这就是西方管理理论中国化实践的痛点，可概括为：“道”不合，“术”乏力。

西方管理理论的核心基础是西方价值观，西方价值观与西方管理理论能够相融共存。中国传统文化的价值观不能与西方管理理论有效相融，使得西方管理理论在中国企业实践中无法有效发力。中西方文化价值观方面的冲突，主要是个人主义与集体主义的冲突，其他的一切冲突都是由此产生的，具体表现为竞争与和谐的冲突、制度与关系的冲突和权力距离大小的冲突等方面[13]。

认识冲突比较重要，而解决冲突更加重要。解决冲突的最有效途径是文化的融合，要做到文化融合，关键是要求各文化主体认识、了解、尊重、吸纳对方的文化[13]31。如上文提到的个人主义与集体主义的差异，也只是中西方文化融合的一种大致趋势，西方国家也有集体主义的价值取向，中国传统文化中也有个人主义因素，并不是绝对的、纯之又纯、百分之百的“个人（集体）主义”。所以，个人主义与集体主义价值观在中西方文化的价值体系中不是互相排斥的，而是可以相容的、互补的、融合的。

经过文化的融合与重构，西方管理理论才有可能在中国的社会、经济、文化的管理中产生作用，才能增加管理的有效性。否则，任何西方管理理论、管理方法的引进都难以在中国的企业管理实践中站稳脚跟，产生作用。研究融合东西方、贯通古今的新型企业管理模式迫在眉睫。

1.3.3 企业从朴素实践到理论探索的难点

加里·哈默尔曾把企业经营划分为三个层面：一是“人手”的经营；二是“人脑”的经营；三是“人心”的经营。基于文化的管理可以归为“人心”的经营。经营人心最大的特点是可以通过情感因素来激发组织成员的创造力和能动性。然而，经营“人心”的最大难点在于无法强求，必须经过从认知到认同再到行动的逐渐深化过程[14]13。其中，认同的关键是组织的文化和个体的价值观念、文化主张高度契合。因此，设计一套被组织成员广为接受又符合管理需要的文化理念及对应的文化管理理论至关重要，是企业从朴素实践到理论总结的难点之一。

同时，使组织文化理念落地，是近年来组织文化理论研究和企业实践的重点方向[15]。“内化于心、外化于行、固化于制”被惯称为文化落地的三段式，具体是指文化管理发端于理念、落实于行动、诉诸制度。然而在现实中，文化理念往往始于设计、止于制度、难于行动[14]14，是企业从朴素实践到理论总结的又一难点。

产生上述难点的原因包括三个方面。

1. 思维瓶颈

文化管理落地难的核心症结在于文化的柔性使文化管理很难像科学管理工具、模型一样，通过定量的“硬管理”模式推进。迄今为止，大量的学术研究和实践成果多停留在文化理念落地的技巧层面，倡导讲故事、办活动、树楷模等运动式、阶段性的公关管理手段，这些手段的系统性和长效性有所不足。因此，文化理念很难进入制度和日常管理机制，更难融入人心，形成价值认同。

文化管理之所以难以实践或难以成功，本质上主要是受

"文化"称谓的影响[16]。比较管理学研究成果引入中国后，"Corporate Culture"这一名词被翻译为"企业文化"，这一概念无形中变成了无所不包的文化工程，致使文化管理中的管理职能被忽视，始终不能形成有效的管理体系。因此，我们必须打破既有思维定式，突破单一"文化"视角的片面误区。只有深刻意识到文化是一项综合性管理职能，需要顶层设计，协同战略规划和制度建设，才能最终达到经营"人心"的最终目的。文化绝不是喊口号、挂标语、搞活动等表面工程，而是一个着眼于全局的系统工程。

2. 体制瓶颈

成功的企业往往具备其特有的文化基因，无论管理者和员工如何更换，其组织文化中的核心价值主张都会得到一如既往的坚持和尊重。詹姆斯·柯林斯指出："高瞻远瞩的公司通常以理念为核心，表现得像教派一样，创造出大家对价值观虔诚的信仰。"现实中，企业很难对组织的文化做到信仰般的坚持，甚至会出现反复无常、随意改变组织文化的现象。这种文化朝令夕改的情况加大了管理成本，损害了企业利益，其根源可归结为公司治理体制不完善。

3. 机制瓶颈

在大部分企业管理实践中，企业往往会将文化和制度割裂开，分别作为单一职能或项目式工作来推进。事实上，文化和制度是密切相关的基础性、系统性、长期性工作，前者解决精神层次的问题，后者解决行为层次的问题，是支撑战略落地的核心管理基础。找到一种系统方法，将文化理念融于制度，是文化落地的关键。最终使文化和制度达到一种匹配状态，即文化依靠制度进行行为转化，制度借助文化加强精神指引。目前，我们还未在文化和制度之间找到科学的工作机制将二者转化，存在机制瓶颈。

1.4　基于文化的中国特色企业管理理论发展需要

一般而言，管理根植于文化土壤，真正有效的管理应该是与文化相融合的。因此，在当前中国企业发展的过程中，我们应该不断探索与中国文化相协调的管理理论，不断挖掘和利用中国优秀文化资源，逐步建构中国特色企业管理理论。

1.4.1　中国特色企业管理理论处于孕育期

改革开放40多年来，中国企业在经营与管理实践中取得了一定的成就，也形成了一大批管理成果，如席酉民的“和谐管理理论”[17]、苏东水的“东方管理学”[18-19]、成中英的“C理论”[20]、齐善鸿的“道本管理”[21]和王毅武的“中国现代管理理论”[22]等。

中国特色企业管理研究应当立足于中国的管理情景和文化背景，发掘企业管理实践中的价值，融合经典管理理论，以此建构中国特色企业管理理论，努力实现管理范式革命和理论突破。

目前，中国特色企业管理研究已经取得了一定的理论成果，而且以华为、海尔和方太等为代表的一大批中国企业进行了卓有成效的管理实践。但是，相关理论体系的系统性、完备性和时效性等还有待完善。总体而言，中国特色企业管理的理论与实践仍处于孕育期和发展期。

1.4.2 第四次管理革命的浪潮——文化型企业管理

早期的管理更多是经验管理，以经验为中心，基本假设是“原始人”假设。其管理思想大多散落在古代的史籍和各种著作中。例如，亚里士多德在其著作《政治学》中提供了关于管理和组织的远见卓识;《孙子兵法》中阐述的思想与现代企业的战略管理思想息息相通。随着文化的发展，管理思想也随之发展演变，先后经历四次管理革命或者说四次飞跃[23]，如图 1-2 所示。

(1) 第一次管理革命：从经验管理到科学管理

现代意义上的管理学科诞生于 20 世纪初。从 1901 年到

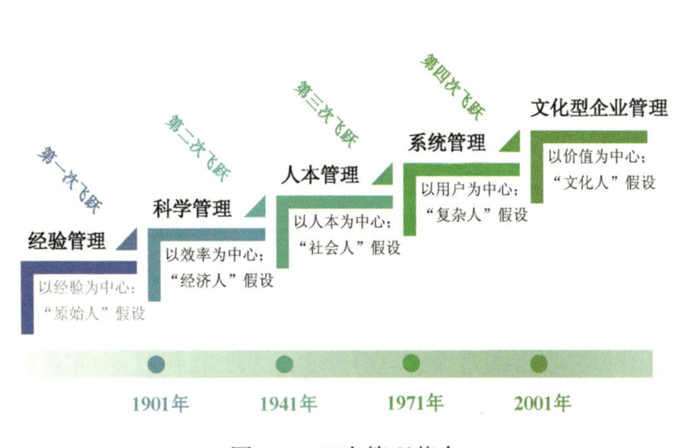

图 1-2 四次管理革命

1940 年，经历了第一次管理革命时期，这一时期的社会经济的核心特征是“规模经济”，“科学管理”理论应运而生，主要探讨在工程中提高劳动生产率的问题。围绕科学管理理论和原则，“经济人”假设成为那个时期激励模式的主旋律，管理迎来了一个崭新的时代。这次科学管理的革命不仅在美国，也在欧洲大部分国家掀起了一场效率和大规模生产的浪潮。代表人物包括弗雷德里克·泰勒、莉莲·吉尔布雷斯、亨利·法约尔和马克斯·韦伯等。代表企业是福特汽车，它创造了世界上第一条汽车装配流水线，践行科学管理的原则，大幅度提高了劳动生产率。

（2）第二次管理革命：从科学管理到人本管理

管理革命是经济和社会环境等孕育的产物。第一次管理革命中诞生的科学管理主要源于当时工业企业对生产效率的迫切追求。随着生产力的进一步发展，人们发现单纯地强调管理的科学性、理性化不能保证管理的持续成功和劳动生产率的持续提高。20 世纪 30 年代，霍桑实验证明生产率不仅仅取决于管理的科学化，而且取决于员工的积极性和态度，而员工的积极性和态度又取决于员工的家庭和社会生活及企业中人与人的关系。到了 20 世纪 40 年代，全球的经济环境和政治环境发生了巨大变化，由此推动管理理论不断发展和演变。1941—1970 年，世界范围内经历了第二次管理革命。

第二次管理革命关注的视角从"效率"转向"人性"，研究人性动机的各种理论应运而生，"社会人"这一崭新的假设替代了"经济人"假设，管理步入"人本管理"的新时代。与此相适应，"以人本为中心"的管理思想产生了，这是管理史上第一次明确了人在管理中的重要地位。代表人物包括埃尔顿・梅奥、亚伯拉罕・马斯洛和赫伯特・西蒙。代表企业是林肯电气，它创新性地建立了融合科学管理和人本管理的管理模式和激励体系。

（3）第三次管理革命：从人本管理到系统管理

第一次和第二次管理革命都是"内部导向"型的管理革命。不管是基于"经济人"假设，还是"社会人"假设，都是从组织内部的视角来反思组织模式、管理模式。第一次管理革命到第二次管理革命，实现了从“以效率为中心”到“以人本为中心”的变革。1971—2000 年，全球进入了知识经济和信息技术时代，企业迎来了第三次管理革命。

第三次管理革命的突出特点是“以用户为中心”，管理视角从仅关注组织内部转向兼顾组织内部和外部。第三次管理革命以流程再造和精益管理为基础，让臃肿的大企业变得灵活，发挥小型团队的创造力，建构“以用户为中心”的组织成为这个时代的主旋律，“复杂人”假设占据主导地位。第三次管理革命的主角从欧美国家转移到日本等亚洲国家。代表人物主要包括彼得·德鲁克、詹姆斯·钱皮、迈克尔·哈默和大前研一。代表企业是丰田汽车，它践行爱德华兹·戴明的全面质量管理理念，发展成独特的丰田生产方式而享誉全球。

（4）第四次管理革命：从系统管理到文化型企业管理

1901—2000 年，世界管理界经历了三次管理革命，这三次管理革命的本质仍然是科学管理的效率革命。当进入 21 世纪，管理历史也进入了新纪元，科学技术的突飞猛进是重塑管理的重要因素。当下，大数据、云计算、物联网、移动应用、人工智能和区块链等核心技术不断重塑企业的商业模式和管理模式。与此同时，以哲学、科学和文学为代表的文化要素已经逐渐繁荣。文化和管理更加相互交融、相互促进，共同推动人类文明不断进步，由此催生了文化型企业管理趋势。基于此，

文化型企业：“道” 与“术”

本书把第四次管理革命定义为：从系统管理到文化型企业管理的飞跃。

第四次管理革命的核心是“价值共生”，“人的价值第一”的思想将成为设计组织模式、管理模式、商业模式的基石，企业将更重视基于文化的管理模式，即基于“文化人”假设的管理模式。这就要求管理者们必须重新审视传统的以公司为中心的价值创造体系，需要一个以共同创造价值为中心的新型管理体系。一些企业已经拉开第四次管理革命的序幕，代表企业包括华为、海尔和方太等。

从“效率第一”到“价值共生”，管理学的理论与实践走过了100多年的发展历史，不断推动核心假设经历从“经济人”到“文化人”的跨越。当下正处于第四次管理革命的浪潮之中，很多企业顺应历史的潮流，乘势而为，正在进行文化型企业的建设。

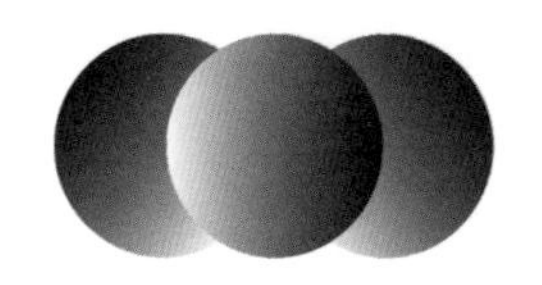

第 2 章

是什么——文化型企业理论体系

我们可以从文明的发展历程中看到文化的力量。文化与管理相互关联、相互促进，共同推动人类文明的进步。尤其是在目前所处的新工业文明时代，文化对于人类、企业和社会的作用更加凸显。从当代中国的发展来看，文化强国战略成为时代之声。文化型企业理论的提出正是要回答文化强国战略的企业实践。

当代中国企业管理实践中仍面临着诸多困境。中国传统文化在企业管理实践中，面临重"道"乏"术"、"以偏概全"等问题；西方管理理论在中国化实践中，面临着文化差异和"道不合，术乏力"等问题；中国企业管理实践面临着"从朴素实践到理论探索"方面的难点、"思维、体制和机制"方面的瓶颈。第四次管理革命浪潮的不断发展，以及基于文化的中国特色企业管理理论正处于孕育期，使得文化型企业及其管理理论正走向舞台中心。文化型企业理论的提出正是要回答当代中国企业及其管理去向何处的问题。

企业是社会进步的基石。从文化的角度来看，企业本身就是文化综合体。管理企业就是管理文化。企业是场，文化是力。文化对于企业管理的积极作用正在获得越来越多的学者、企业家和管理人员的普遍共识。正确认识文化在企业管理中的作用，对于企业管理具有重要意义。文化型企业理论的提出正是要还原文化在企业管理中的作用。

本章将对文化型企业理论进行阐述：界定文化型企业的一般定义；提出文化型企业的核心特征；说明文化型企业的适用类型；阐述文化型企业的要素组成。文化型企业理论的具体内容如图 2-1 所示。

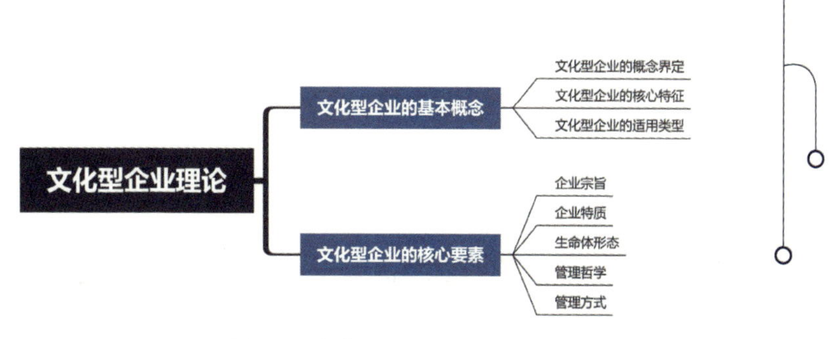

图 2-1　文化型企业理论

2.1　文化型企业的基本概念

2.1.1　文化型企业的概念界定

1. 企业的不同存在形式

企业是社会生产力发展到一定水平的结果，企业的产生是工业文明社会的重要产物之一。随着人类工业文明的进步与科技的发展，企业的存在形式也在不断地丰富与完善。

回顾工业发展历程，企业在不同的发展时期具有不同的存在形式。

（1）以工场手工业为代表的企业形式

16 世纪至 17 世纪，企业的主要组织形式是以家庭式作坊为主。工场手工业是建立在劳动分工基础上的。人们通过劳动分工、劳动协作和共同利用固定资本设备，提高了劳动生产率。

（2）以工厂制为代表的企业形式

18 世纪至 19 世纪中后期，随着工业革命的发展和大机器的普及，工厂制逐步代替工场手工业的形式，大规模的集中生产和劳动分工更为深化。

（3）以现代企业为代表的企业形式

19 世纪末至 21 世纪，随着工业文明的发展，企业逐步走向成熟并成为现代企业，实行了经营权与所有权的分离，建立了科学的管理制度，形成了职业化的管理层次等。

以上更多是从经济视角划分企业的存在形式。

从某种意义上讲，一切社会的财富、知识和组织都是人类文化的产物。站在文化的视角，企业的文化结构可以分为三个层面[24]：表层的物质文化、中层的制度文化和深层的精神文化。

按照不同文化层面对企业生产力的影响程度，企业的存在形式可划分为如下三种类型：

（1）以表层文化结构为主的企业形式

该类企业的文化对企业生产力的影响，是以表层的物质文化为主的。例如，企业创造和改造过的一切物品和符号，包括文化符号和文化物品等。

（2）以中层文化结构为主的企业形式

该类企业的文化对于企业生产力的影响，是以中层的制度文化为主的。例如，企业的制度、规章、标准和规范等。

（3）以深层文化结构为主的企业形式

该类企业的文化对企业生产力的影响，是以深层的精神文化为主的。例如，价值观念、思维方式、世界观和哲学信仰等。

对经济发展和文化建设的协调关系进行理解，有利于企业的发展和社会生产力的提高。企业在实践中往往将经济发展作为最主要的任务，忽略了文化建设，从而使文化建设往往滞后于经济发展。这就造成企业中经济发展与文化建设的不协调，使企业的发展徘徊停滞。

文化型企业理论的提出，就是从经济和文化的双重视角，看待经济发展和文化建设的协调关系，对企业的存在形式进行新的定义与解读。

2. 文化型企业的定义

本书将文化型企业定义如下：

文化型企业是包含精神价值和生产经营方式的一种企业生态共同体。它通过打造文化和管理的融合体，塑造员工的良好集体人格与组织行为、培育企业精神、履行社会责任，实现

"员工成长、企业发展、社会进步"的精神追求和价值共享。

简而言之，文化型企业是同时注重精神追求和价值共享，以及注重文化与企业管理二者协同发展的一类企业。

3. 文化与管理的融合体

文化型企业注重打造文化与管理的融合体。企业管理与文化是相互促进、相互依存和辩证统一的关系。通过打造"文化与管理"的融合体，企业持续发展。

（1）优秀的文化能够培育出卓越的企业管理

文化对于管理的影响，主要表现在以下两个方面：

1）优秀的文化能够产生卓越的管理思想。东西方的管理思想主要有两种类型：一种是源于中华传统文化的中国管理思想[25]。例如，以孔子和孟子为代表的儒家学派，以扬善为起点，讲究人的修身养性与自律，倡导"礼治"与"德治"；以商鞅和韩非子等为代表的先贤，提出了以"性恶论"为人性假设的"法治"管理。另外一种是源于古希腊文化的西方管理思想[26]。随着工业文明的发展，西方管理思想逐步演变为具有一定科学形态的管理理论。比如，以"经济人"假设为代表的科学管理、以"社会人"假设为代表的人本管理和以"复杂人"假设为代表的系统管理等。

2）优秀的文化能够引导企业的战略方向。常言道："一方水土养一方人。"企业战略管理的思想基础就是优秀的文化。文化蕴含着企业中全体人员的价值观，为企业的发展指明了方向。凝练出符合企业自身发展和员工思维方式的优秀文化是企业实施战略化管理的重要保证。优秀的文化能够引导企业的战略方向，明确企业所坚守的理念、目标和文化价值导向，能够帮助企业正确认识自身的价值，树立明确的发展理念。文化与战略之间需要相互协调，将文化理念反映到企业战略中，可使文化发挥出引导、协调和约束等作用，从而使二者之间产生共振效应[27]。

（2）卓越的企业管理能够承载优秀文化的力量

"问渠那得清如许，为有源头活水来"（朱熹，《观书有感》）。卓越的企业管理往往来源于优秀的文化；同时，优秀的文化需要卓越的企业管理来凸显。文化的形成一般要经历自发、塑造、培育和巩固等不同阶段。卓越的企业管理需要承载优秀文化的力量，在管理实践中不断引导、塑造、培育和巩固，使优秀的文化更具有生命力，为企业的持续发展提供力量源泉。

4. 企业生态共同体

文化型企业是一种企业生态共同体，将实现"员工—企业—社会"的精神追求和价值共享作为企业的发展目标。

从企业内部来看，企业生态共同体能够塑造员工良好的集体人格与组织行为，建立员工与企业之间的心理契约。良好的集体人格是企业中秉持了一定精神价值观的人群，长期在一起拼搏奋斗，形成的良好的行为习惯和强烈的集体共识。良好的集体人格与组织行为需要在文化与管理的相互融合中塑造，也离不开“员工”与“企业”之间利益和价值分享、精神层面的激励与引领。

从企业外部来看，文化型企业能够更好地履行企业社会责任，注重企业与其他社会组织之间形成“优势互补、相互依存、相互制约”的生态共同体。在这个体系中，企业生态共同体是由相关企业或组织相互联合形成的共同体。企业生态共同体转变了传统的个体利润最大化的经营观念，促进了对社会负责任的企业行为，促进社会的不断进步和员工的全面发展[28]。

总体来讲，企业是将“员工”与“社会”联系在一起的关键媒介。企业能够将员工自身成长、企业发展和社会进步高度凝聚，成为命运共同体。通过塑造良好的集体人格与组织行为、培育企业精神和履行社会责任，建构“员工—企业—社会”的企业生态共同体，实现共同的精神追求和价值共享。

2.1.2 文化型企业的核心特征

文化型企业的提出正是要还原文化在企业管理中的作用，其核心特征之一是将文化作为一种新的生产要素。

类似于土地、资本和劳动，“文化”成为企业的一种基本生产要素。这里的文化，不仅仅包含知识、技术、管理、情操、思想、意志，也包含一切促进生产力发展的无形因素。

1. 文化是一种力量

文化具有感召力、凝聚力和塑造力等多种力量。文化能够助推企业发展，激发企业生产力、提高竞争力、增强吸引力、形成凝聚力，进而转化为强大的力量。“以文传声、以文载道、以文化人。”文化的力量渗透在企业发展的各个方面，但首先体现在对人的塑造上。文化是凝聚团队的精神力量；文化是凝聚思想的精神纽带；文化能够产生共识；文化为企业发展提供土壤和环境；“美人之美、美美与共”，优秀的文化具有强大的包容性和感召力。

2. 文化是一种资源

文化本身就是一种资源，它包括知识、思想和精神信仰等。尤其是知识经济时代，知识是企业的关键性资源之一[29]。在新工业时代，企业发展的核心资源正在逐步拓展，由“土地”和“资本”逐步向“人才”和“知识”拓展。以土地密集型为主的企业，其核心要素是土地和人才；以劳动密集型为主的企业，其核心要素是资本和人才；以知识密集型为主的企业，其核心要素是知识和人才。以上三种类型的企业从事经营生产的重要基础，都离不开将文化作为一种资源的前提条件。

文化所包含的不同思想、精神和气质等，正以不可见的形式影响着人的思维、意识和行为，从而直接和间接地影响着企业的经营效果。因此，文化作为资源的丰富程度和质量高低会直接和间接地影响企业生产力的高低。

3. 文化是要素的"催化剂"和"黏合剂"

文化对于其他生产要素是一种"催化剂"，能对其他要素（如土地、资本、劳动和企业家）的有效发展起到促进作用。文化通过影响企业中人的主观能动性、自觉性和创造力，进一步实现企业生产力的提高；尤其是文化的创造力，其主要功能是为促进其他生产要素的持续创新提供原动力。此外，文化也是其他生产要素的一种"黏合剂"，主要功能是促进不同要素之间的有效配置。文化要素能够"融合"其他生产要素。在文化要素的作用下，其他生产要素会呈现出一种生命力、气息、调性、内涵和底蕴等。

2.1.3 文化型企业的适用类型

企业的发展往往处于不同的发展阶段，如"初创期""成熟期"和"蜕变期"；企业的变革也面临着不同的发展路径，如 TCL 的自我变革之路[30]、方太具有创业式传承特色的发展之路[31]、华为的自力更生之路[32]、小米和腾讯等互联网企业的逐步演进之路[33]等。

基于对企业实践的观察和理论的探索，本书将文化型企业建设的适用路径分为绝地逢生型、蜕变重生型、传承发展型、自然升华型和蓝图建构型，如图 2-2 所示。

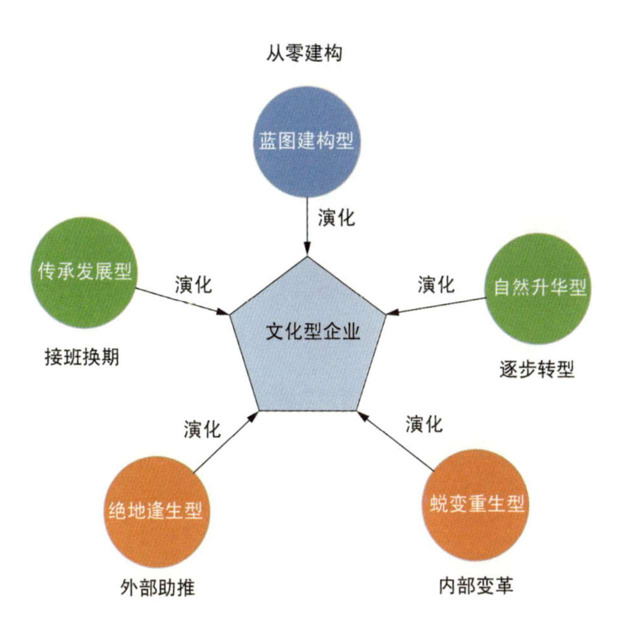

图 2-2　文化型企业建设的五种不同适用路径

1. 绝地逢生型

绝地逢生是指企业在经营和管理过程中如果继续按照之前的经营理念或管理方式已经无法维持和延续，需借助外部力量对企业的经营理念和管理方式进行变革，用来解决企业经营和管理面临的问题和困境。

绝地逢生型企业一般处于"蜕变期"，需要通过引入外部力量进行变革，从而可以走向文化型企业的建设之路。

2. 蜕变重生型

蜕变重生是指企业通过自身变革，借助自身的力量实现组织文化的更新、战略的升级，从而实现企业的蜕变重生。

蜕变重生型企业一般处于"蜕变期"，需要通过内部力量进行变革，从而可以走向文化型企业的建设之路。

3. 传承发展型

传承发展是指企业在新旧接班人传承或在不同发展阶段之间转换时，需要处理好原发展模式与新发展模式的过渡衔接。

传承发展型企业一般处于"成熟期"，通过传承人与接班人之间的文化传承与创新，从而可以走向文化型企业的建设之路。

4. 自然升华型

自然升华是指企业在发展过程中一直重视文化的作用，将文化与管理融合在一起，在企业的发展过程中不断探索实践。

自然升华型企业一般处于"成熟期"，在企业自身发展转型的过程中，逐步走向文化型企业的建设之路。

5. 蓝图建构型

蓝图建构是指从企业成立之初便确立了文化在企业管理中

的作用，明确了文化型企业的建设之路。

蓝图建构型企业一般处于“初创期”，能够从零开始建构企业发展蓝图，将文化作为企业的核心要素，不断进行文化型企业的建设。

2.2　文化型企业的核心要素

要想有效地开展文化型企业的建设，就需要我们了解文化型企业是由哪些核心要素组成的，以及各要素之间分别发挥哪些作用。

运用拟人化的表达，文化型企业的核心要素包括企业宗旨、企业特质、生命体形态、管理哲学和管理方式五个组成部分。

如果把文化型企业类比为一个人，那么，企业宗旨可类比为人的“头部”，明确企业存在的基本目的，指明企业的发展方向；企业特质可类比为人的“品性”，反映企业的特征和特色；管理方式可类比为人的“双手”，打造出企业发展的具体方法；管理哲学可类比为人的“双脚”，承载着企业管理实践的底蕴；生命体形态可类比为人的“生命线”，展现出企业发展的生命力。

2.2.1 企业宗旨

企业宗旨是对企业存在的目的或对社会发展所做贡献的陈述，旨在回答企业是什么、应该是什么、将来是什么等核心问题[34]。企业宗旨的陈述与文化是密不可分的[35]。文化的基石是价值观，价值观是企业宗旨的内核，企业宗旨是对价值观的外现。

文化型企业宗旨包含着“员工成长、企业发展、社会进步”的基本目标。从文化的内涵出发，文化本身就包含着对“员工—企业—社会”三者的作用与影响。例如，文化可以促进人的全面发展、凝聚企业力量，为处理人与自然、人与社会、人与人之间的关系提供哲学思考等。文化型企业的本质要求我们更应该重视文化力量对于“员工—企业—社会”的影响，实现三者的和谐发展、共同发展和高质量发展。

1. 员工成长

从企业的角度来看，在激烈的竞争环境中，人才对于企业的重要性不言而喻。“人才兴，则企业兴”，企业持续发展和创新的根本动力在于企业员工的成长与发展。从文化的角度来看，文化影响着人的思维习惯、认知能力和行为方式。优秀的文化可以丰富人的内心世界、增强人的精神力量、塑造人的良好行为、促进人的全面发展。

伴随着第四次管理革命浪潮的到来，员工已经由“原始人”“社会人”和“复杂人”等逐步向“文化人”进行转变，员工在文化的创造、学习、传承和创新的过程中实现成长。企业应充分运用优秀的、先进的文化，融合哲学、科学、道德和艺术等多方面的文化资源，发掘并弘扬良心、情怀、正义、敬业和奋斗等观念，培养员工的家国情怀、社会责任、人文精神和科学精神，提升员工的精神境界和塑造正确的价值观，实现“以文化人”的效果。

正因如此，文化型企业更注重文化对于员工成长的作用，通过塑造员工良好的集体人格与组织行为，为实现企业的持续发展提供坚实的人才保证，并促进员工的全面发展。

2. 企业发展

追求卓越、实现企业可持续发展是每个企业经营追求的最高境界，也是企业经营的方向。

一方面，企业在发展过程中有其独特的文化雏形，逐步建构企业的发展观，明确企业的使命、愿景和价值观；另一方面，文化影响着企业做事的方式，具有导向、约束、激励、调适和凝聚功能[36]。具体而言，文化引导着企业的发展方向和员工的行为方式；以无形的约束力量规范员工的思想与行为；激励着员工的自我价值实现和精神层面的满足；调适着企业内部之间、企业与外部环境之间的关系，实现和谐发展；形成一种企业凝聚力，推动企业持续发展，彰显文化的力量。

正因如此，文化型企业更关注文化对于企业发展的作用，通过打造文化与管理的融合体，让文化的力量持续为企业发展赋能，成为促进企业持续发展的关键源泉。

3. 社会进步

伴随着新工业文明的发展，企业已经成为推动社会进步的重要源泉。企业需要主动承担更多的社会责任，处理好企业同社会和经济环境的关系，才能实现社会和谐发展和进步；需要将社会、环境、利益相关者的关切融入企业的各项决策和活动之中。

从文化的角度来看，文化是引领前进的旗帜，是社会发展的动力，是文明进步的标识。先进的文化会促进社会进步，落后的文化会阻碍社会发展。优秀文化往往包含着人与自然、人与社会、人与人之间的哲学思考，能够为企业履行社会责任及处理企业与社会、经济环境等关系提供思想源泉。例如，"天人合一"和"道法自然"等。此外，人类社会的进步离不开科学文化和人文文化的精神合力[37]：科学文化是以自然知识为基础的，体现于人类求真、求实、探索未知的过程；人文文化则体现于人类求善、求美、寻求大爱的过程。

正因如此，文化型企业更需要关注文化对于社会的作用，以打造企业生态共同体为目标，让文化成为促进社会进步的重要力量，让文化成为协调企业与外部环境关系的思想源泉，让文化成为实现“员工—企业—社会”精神追求和价值共享的重要手段。

2.2.2　企业特质

从国家层面看，我国提出了“人民有信仰，国家有力量，民族有希望”，实现中华民族伟大复兴的中国梦，物质财富要极大丰富，精神财富也要极大丰富。建设文化型企业是对文化强国战略的重要探索与践行。

文化型企业就是将“员工成长、企业发展、社会进步”转化为企业集体的共同追求，通过打造企业生态共同体，实现“员工—企业—社会”三者精神追求的有机统一和价值共享，并能为社会贡献出新思想、新知识和新文化。文化型企业特质主要包括以下三个方面的内容。

1. “员工有情怀”

“员工有情怀”是文化内涵在“员工成长”方面的外显，其内核是通过家国情怀的培育实现员工的全面发展。“员工有情怀”是“员工成长”的重要前提与目标。

一个民族最大的资源是文化，最能打动人心的也是文化。这对于企业而言亦是如此。情怀是优秀的文化赋予员工的重要特质。例如，家国情怀是中华传统文化的优良素质，是华夏儿女的情感归宿和精神底色。情怀是对个人、企业和国家的认同感、归属感、责任感和使命感的高度融汇和系统集成，是一种深层的文化心理密码，是文化赋予员工和企业的一种宝贵的精神财富。不仅企业家要有情怀，企业更要培养全体员工的情怀。情怀决定了员工的精神面貌，决定了个人的行为。全体员工的情怀，决定了企业的发展，也决定了企业的情怀。

2. "集体有追求"

"集体有追求"是文化内涵在"企业发展"方面的外显，其实质是通过共同信念的树立赋予企业前进的方向与发展的动力。"集体有追求"是"企业发展"的重要前提与目标。

"观乎人文，以化成天下"（《易经》）。中国传统文化积淀着中华民族最深沉的精神追求，为中华民族生生不息、发展壮大提供了丰厚滋养。对于企业而言，个体的价值和追求是有限的，但集体的事业和追求是无限的。只有将个人的价值和集体的事业紧密结合在一起，才能产生持续的和无限的至上追求。

企业的优秀文化能够为企业坚定理想信念和发展方向树立信心、提供动力和积累底蕴。文化型企业要追求的不仅是企业具体的经营目标、市场目标或阶段目标，更需要从文化内涵中寻找到终极目标和答案，找到企业在社会系统发展进程中的价值定位。

3. “企业有力量”

“企业有力量”是文化内涵在“社会进步”方面的外显，其实质是将文化的力量转换为企业的力量，推动社会进步。“企业有力量”是“社会进步”的重要前提与目标。

文化赋予企业在认识世界、改造世界的过程中激发生产力、提高竞争力、增强吸引力、形成凝聚力，最终转化为强大的企业发展力量。企业发展力量不仅体现在企业经营的可持续和高质量发展，而且体现为企业对社会进步的推动力。

一方面，企业是社会经济体系的组成细胞，是社会发展的基础力量单元；另一方面，企业作为社会法人，理应承担社会责任。文化型企业不仅能通过产品和服务影响社会，更能通过核心价值内核，实现社会的共同理想，从而形成自觉、有力的社会进步推动力。

综上，文化赋予了企业“员工有情怀、集体有追求、企业有力量”的重要特质。

2.2.3　生命体形态

1. 基本要素

文化型企业的建设过程，就是还原和提升文化力量的过程。本书将运用拟人化的表达，借助生物体的生长特征，阐述文化型企业的生命体形态。

生命体形态的类比提供了文化型企业理论研究的新视角，定义了文化型企业生命体形态的三个组成部分：基因(Gene)、进化(Evolution)、命态(Life State)，简称GEL。

2. 基因

生物学意义上的“基因”，既是遗传物质的基本单位，也是一切生命信息的基础。对于自然界中生物体而言，没有基因就没有生命的繁衍，也就没有生命的高阶进化。同样，基因支持着生命的基本构造和性能，是一切生命体的本源特征。

与生物体类似，文化型企业也有着自己独特的“基因”。回顾历史进程中的成功企业，虽经历不同时代的发展，企业仍保留着一些自身所特有的、稳定不变的特质。

对于文化型企业而言，基因是其生命体形态的重要组成要素，决定着企业的价值追求、发展方向和管理特性等。在企业的生命周期中，基因发挥着长期的、持续的主导作用，并且不断地完善、迭代和进化。正是因为企业间“基因”的差异性，不同企业才呈现出不同的特质，并且走上不同的发展道路。

3. 进化

生物学意义上的“进化”，是不同物种的世代演化、描述其生命历程的变化和发展过程，反映了生物体与环境之间的关系在时间尺度上的变化，实现生命体从一种命态到另一种命态的演化。

对于企业而言，进化描述了企业连续不断发展和迭代演进的动态过程，也是由一种状态过渡到另一种状态的过程。进化不仅是管理模式、战略和组织等的演化和改变，也包括价值观、管理思想和管理哲学等层面的升级和更新。企业的持续发展就是企业持续进化的过程，是对内外部环境的适应与调整，从而实现企业命态的升级转换。

企业的进化内容主要包括：一是环境对企业进行选择的“优胜劣汰”；二是企业经自身调整融入环境的“适者生存”。

4. 命态

与生物意义上生命体在不同成长阶段中具有的不同生命状态类似，企业在不同的发展阶段和不同的发展环境中也会呈现出不同的发展状态，本书将其定义为企业的“命态”。

“命态”描绘了一个企业特定时期的发展状态，反映了企业在一定发展环境下的管理状况、经营成效和人员的精神面貌。企业的“命态”是内外部多种因素共同作用的结果：从企业内部来看，主要影响因素包括文化、战略、组织、人员等；从企业外部来看，主要影响因素包括整体经济形势、行业市场环境、政策法规和科技发展水平等。

2.2.4　管理哲学

管理哲学是以管理活动中的一般世界观、认识论和方法论为研究对象，对管理本质及其发展规律所做的哲学概括，是对一般管理理论和方法的高度抽象[38]。管理哲学也被当作一种"应用哲学"，以此研究管理实践中的哲学问题，揭示管理的本质[39]。管理哲学从不同角度揭示了管理的不同内涵和内在规律，包括管理的本质论、价值论、系统论、认识论、战略论、方法论、制度论、文化论、实践论和发展论等[40]。

此外，管理哲学与文化之间是密切相关的，不同文化背景所产生的管理哲学思想往往是不同的。传统文化在本土管理理论、中国管理实践和本土管理观念中扮演着重要角色[41]。随着时代的进步与发展，身处中华五千年文明浸润中的中国企业，通过汲取优秀文化，凝练企业管理哲学，并将其作为文化型企业建设的核心要素。

1. 管理哲学探究主体和客体之间的辩证关系

探究管理主体和客体之间的辩证关系，是管理哲学的主要内容之一。辨析管理者、管理对象、社会与自然等之间的辩证关系，必须扎根于中国的传统哲学和当代哲学[42-43]，以揭示管理的本质。

从以儒家、道家和法家为代表的主流传统哲学中不断汲取思想结晶，帮助企业理顺管理主体与管理客体之间的关系等。儒家的"仁、义、礼、智、信"和"修身、齐家、治国、平天下”等，更侧重管理者和员工的道德修养、行为践行示范、落实“知行合一”等方面；道家的“上善若水”“道法自然”和“天人合一”等思想，更侧重指导人与人、人与社会、人与自然的相互关系，促进和谐共处等。法家的“以法为本”“重法、重势、重术”等思想，侧重对人与社会的刚性管理。

2. 管理哲学阐明管理的价值观

管理哲学的另外一个主要内容是通过对管理机制及其功效的辩证分析，阐明管理的价值观，指明企业的发展方向。管理价值观是管理情景下的价值取向，是在管理实践中形成的对管理现状、管理环境、管理对象、管理目标、管理结果和管理发展的价值前提。

管理的价值取向和价值前提离不开企业自身的历史文化，也离不开中华优秀文化的影响。中华优秀文化是企业核心管理价值的重要思想资源。以中国传统文化为例，其价值系统一般认为是以儒家为中心而形成的[44]。儒家的核心价值观可以概括为“仁”“义”“中”“和”四个字[45]。“仁”是最基本的内核，是一种最高的道德境界；“义”是相对于“利”而言的，义利是中国传统哲学中最基本的价值哲学范畴，主要体现“以义取利”的价值准则；“中”的本义是“正”，主要表现为人的言行应该适度，无过无不及；“和”是和谐，主张“和而不同”，强调多元并存且互相包容。

2.2.5 管理方式

管理方式是在管理活动中为实现管理目标、保证管理活动顺利进行所采取的工作方式。从方法论的角度看，管理学界一直存在科学主义和人文主义的争论：科学主义强调从客观规律和因果关系出发，重视自然科学方法的运用；而人文主义更重视管理情景的影响[46]。

对于管理者而言，文化与管理是企业管理过程中重要的两个方面，二者具有密切的关系——相互依存和相互作用。如第1章所述，常见的管理方式包括科学管理、人本管理、系统管理、基于文化的管理等。

文化型企业管理是一种基于文化的管理方式，更注重文化与管理的双向融合。文化与管理双向融合具体的效果是什么？运用比喻，文化与管理双向融合的具体效果为：通过“文化”浸润“管理”，把“冷冰冰”的管理赋予人文关怀，实现管理的“暖乎乎”；通过“管理”约束“文化”，把“软绵绵”的文化赋予管理刚性，实现文化的“硬铮铮”。

综上所述，将核心定义、核心要素和适用类型进行有机架构，便形成了文化型企业的管理理论模型，如图2-3所示。

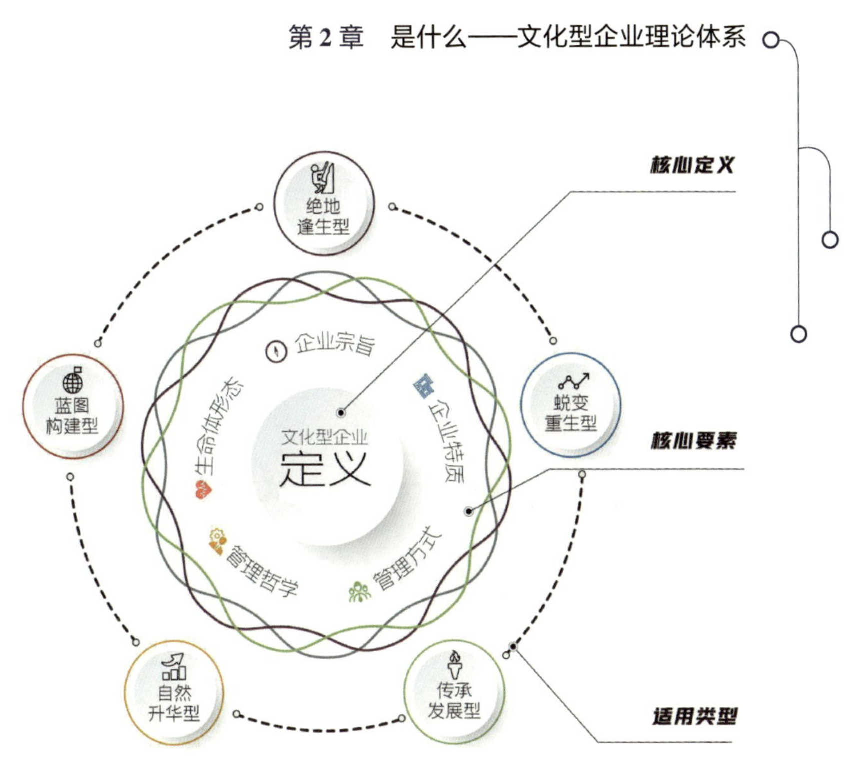

图 2-3　文化型企业的管理理论模型

第3章

怎么管——文化型企业管理

文化型企业是从管理和文化的双重视角，对企业的存在形式进行新的定义与解读。文化型企业注重打造文化和管理的融合体。一方面，优秀的文化能够培育出卓越的企业管理；另一方面，卓越的企业管理能够承载优秀文化的力量。

文化型企业是企业生态共同体，将实现“员工—企业—社会”的精神追求和价值共享作为企业发展目标。一方面，对于企业内部而言，文化型企业旨在塑造员工良好的集体人格和组织行为；另一方面，对于企业外部而言，文化型企业旨在履行“员工成长、企业发展、社会进步”的社会责任。

对于企业管理者而言，如何进行文化型企业管理？与一般企业的管理对比，文化型企业管理的核心要素包括哪些内容？彼此之间是如何联系并发挥作用的？

本章将对文化型企业管理的内涵进行介绍；对文化型企业管理的核心要素进行分析；对文化型企业管理的作用机制进行阐述。文化型企业管理的具体内容如图 3-1 所示。

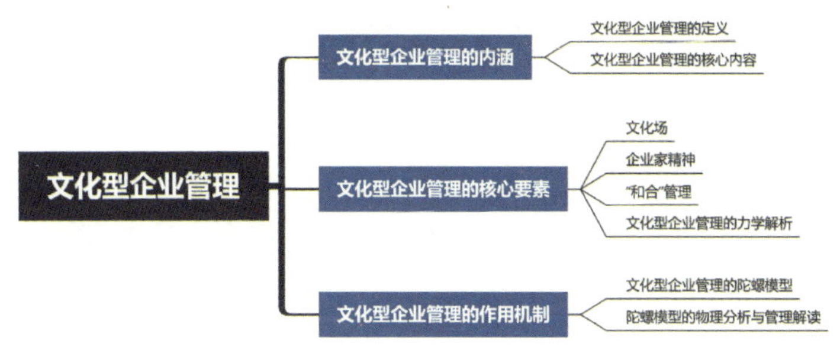

图 3-1　文化型企业管理

3.1　文化型企业管理的内涵

3.1.1　文化型企业管理的定义

1. 管理的一般定义

管理是人类的一种实践活动，管理活动需要通过经验的积累。通常而言，管理是一种具有高度情景化的实践活动，是结合具体情境来协调资源和实现组织目标的过程[47]。一般而言，管理的最基本特征是通过他人达到目标，最终创造价值的一种活动。

2. 文化型企业管理的定义

何为文化型企业管理呢？本书将文化型企业管理定义为：

通过文化与管理的双向融合，实现"员工成长、企业发展、社会进步"的一套系统性的管理哲学与方法论体系。

文化型企业管理注重文化与管理之间的相互作用、融合和协同，同时，将管理哲学和具体实践的方法论体系包含在内，实现管理哲学与方法论的"知行合一"。文化型企业管理注重赋予个人存在的价值，通过组织和管理实现个人自由与社会和谐；通过文化与管理双向融合的管理方式，实现"员工成长、企业发展、社会进步"。

3.1.2 文化型企业管理的核心内容

文化型企业管理的研究重心是关于"人、企业与社会"三者之间的关系。这里的"人"主要是指企业家、员工、利益相关者和社会成员等，是"人、企业与社会"三者关系的承载主体。

企业和个人都处于社会、文化、经济发展的历史潮流之中。人是社会性动物，企业发展和社会进步都需要依靠人来完成的。然而，人的人性、心理与性格等特性不是一成不变的，与历史条件、文化环境、社会生活和经济地位等密切相关。我们可以从文化进化的角度对企业和个人面临的文化环境、社会生活和经济环境等进行分析和理解，从而了解企业家、员工、利益相关者和社会成员等特性的一般性、共性和差异化等[48-50]。文化型企业管理侧重于从文化的视角对上述环境开展文化特性分析，从而了解企业和个人的特性，推动员工成长、企业发展和社会进步。因此，开展文化特性分析是文化型企业管理的核心内容之一。

企业家是社会进步的推动者、社会资源的整合者，是推动创新的灵魂人物，也是企业重要的生产要素之一。企业家精神是企业家的一种品质或意识形态，是一种抽象的价值概念。企业家精神已经在行为[51-52]、心理[53-54]和社会分析[55]等领域得到诸多研究和分析，而文化型企业管理对于企业家精神的研究重点在于探讨文化对于塑造企业家精神的作用。因此，用文化塑造企业家精神是文化型企业管理的核心内容之一。

企业管理要了解组织中员工行为对实现企业绩效与发展的影响[56-58]。员工行为在管理过程中具有社会性强、目的性强和能动性强的特征[59-60]：管理的社会性主要体现在管理实践过程中强调人与人、人与社会之间的相互关联和作用；管理的目的性主要体现在管理个人行为的方向性，体现了管理者个人意识动机；管理的能动性是管理人员实现管理目标的主动行为。管理需要从管理的社会性、目的性和能动性三个方面去激发人，实现三者的有机结合和辩证统一。文化型企业管理理论不仅要借鉴和吸收经典的管理理论中关于员工行为的一些核心理论和方法，如组织理论[61-62]、激励理论[63-64]和领导理论[65-67]等，还应该侧重文化对员工行为的作用与影响，打造文化与管理的融合体。因此，打造文化与管理的融合体是文化型企业管理的核心内容之一。

3.2 文化型企业管理的核心要素

本书从上述文化型企业管理的核心内容中提炼出文化型企业管理的三个核心要素，分别为文化场、企业家精神、“和合”管理。

3.2.1 文化场

本书借用物理场的概念来描述文化场的规律、特点和作用力等，建立文化场的定义、要素和性质。

1. 物理场的定义

一般而言，物理学定义的“场”主要包括“空间”和

“作用”两个视角[68]：

1）“空间”视角下，“物理场”是一个“空间”，即物理作用或磁力、电力作用存在的、起作用的或可以测量的一个空间或区域。

2）“作用”视角下，“物理场”是空间中存在的一种物理现象或力的作用。

基于“空间”和“作用”视角，根据物理学中“场论”的原理，可以将“物理场”定义为：空间中存在的物理作用。

物理场的要素包括场源、作用力和场力方向等要素。

1）场源是产生场的物质，人们习惯上称之为场的源。随着时间的推移，场源的分布可能会发生变化，进而导致场的变化。

2）物理场对处于其中的物体有作用力，大小由场力加速度及该物体自身与场的作用单位（引力场中为质量、电场中为电量）来决定。该作用力的方向为场力方向。在场作用力的影响下，物体的运动状态会朝着作用力的影响方向发生改变。

2. 文化与物理场的相似性

文化与物理场具有诸多相似之处。

二者都是对事物间综合的、复杂的、无形的相互作用的描述。物理场的思想与概念源于对自然界事物之间相互作用及其传递媒介的研究；文化是员工之间、员工与物质生产资料之间、企业与社会环境之间的相互作用。这种相互作用是综合的、复杂的、无形的，但又是客观存在且不容忽视的。因而，采用惯用的语言模型、数学模型等，很难给予文化科学的界定与描述。

二者都会产生作用力，并具有一定的方向性。通过上述定义可知，物理场是具有作用力和方向性的；文化具有凝聚力、创造力、号召力和影响力等多种力量，同时文化具有明显的指向性或方向性。运用物理场的理论与方法，可将企业员工、企业发展与社会环境之间的作用力与影响方向紧密地联系起来。

由此，文化的作用与物理场在结构及性质上有着很大的相似性，可以借鉴物理场的理论与规律来对文化的作用进行研究。直接借助于物理场与事物的运动规律来描述文化各要素间的相互作用，在研究方向上可实现由微观到宏观、由个体到群体、由局部到整体、由隐性到显性的跨越。因此，物理场是描述文化作用的有力工具，本书将借用物理场研究文化场。

3. 文化场的定义

本书将“文化场”定义为：文化要素在企业内部空间和外部空间的一种分布。

在时空交错的复杂场域里，文化是极为重要的，它在企业内部或外部的每一处都有体现。文化场可描述企业内部或外部的企业精神、企业风貌、企业道德、管理哲学、价值观念、制度规范、行为方式、物化形态等不同文化元素的组成与分布情况。文化场虽不能被看得见、摸得着，但可以被感觉得到，影响着员工的价值理念、行为习惯、企业的运营管理效率等。

4. 文化场的分类

站在企业的角度，文化场可以分为社会文化场和内部文化场两个部分。

（1）社会文化场

社会文化场是文化要素在企业外部空间的一种分布。社会文化场是从企业的外部视角来看，企业所处的一种文化场。企业总是在特定的社会环境中运行，参照关于文化场的定义与描述，企业所运营的社会环境中也存在着一个社会文化场。

在社会文化场的描述中，企业所运营的社会环境是“给定的全部空间或部分空间”，“文化”相当于物理场中的“物理量”，处于这一社会环境中的企业与其他社会组织及其成员相当于“给定空间中的每一个点”。

社会文化场在实质上是企业在国际、国家和所在区域的文化场与该企业所在产业的产业文化场等多个场的叠加。国际、国家政治、经济、文化形成了社会文化场的重要元素；区域中人、生产方式和地理环境因素等也是社会文化场中的重要元素；产业领域中政策、法规和资源等同样是社会文化场中的重要元素。

企业是社会文化场的一个点，社会文化在这一点上有着特定的量值分布，企业的运行会受到社会文化场的影响，由企业运行所决定的企业文化场也会受到社会文化场的影响，并反作用于社会文化场。

(2) 内部文化场

内部文化场是文化要素在企业内部空间的一种分布。内部文化场遍布企业内部全部空间；“文化要素”和“管理要素”共同构成内部文化场的“物理量”，作用于空间中的每一个点；处于企业内部中的员工、组织、物质生产资料等相当于“给定空间中的每一个点”。内部文化场的界域界定为有企业产品或服务供给、企业员工活动、企业理念传播的区域范围。

内部文化场是在作为社会存在的企业在运营过程中逐渐形成的意识形态，企业主体的性质与运营状态决定了组织文化的形态；内部文化场具有相对独立性，有其内在的结构与功能，对企业主体有着能动的反作用；内部文化场渗透在企业运营的各个领域、各个环节、各项活动之中，以看不见的力量影响着企业；内部文化场与企业所处的社会环境有着密切的互动关系，它既受社会环境所影响，又在一定程度上影响着社会环境。

5. 文化场的性质

结合物理场的一般规律，文化场的主要性质包括如下方面：

性质1：内部文化场的核心场源是企业家；社会文化场的场源是承载着政治、经济、文化等核心功能的主要社会组织。

对于内部文化场而言，人是场源，企业家是核心场源；对于社会文化场而言，社会组织是场源，具备核心功能的社会组织是核心场源。

在文化场中，越靠近场源，场强越大。内部文化场的中心区域往往是以企业家精神为核心所驱动形成的辐射范围。在企业实践中，个人或组织受到企业家精神驱动所形成的文化场的影响程度，随着组织架构层级、业务范围相关性、传播的影响力和覆盖性等有所不同。同理，社会文化场具有类似的性质，只是核心场源由企业家变为主要的社会组织。

性质2：处于文化场中的个人和企业会受到文化场力的作用；其发展状态是由文化场力与自身的能力共同决定的。

与物理场类似，在文化场中的企业或个人的发展方向或状态是由其所在的文化场力与自身能力共同决定的。因此，无论是个人还是企业都会受到所在文化场的影响。

对于个人而言，员工行为总是由其个人的文化素质、性格特质、职业特点及其在企业中的岗位要求等决定。处于文化场中的员工，必然会受到文化场力的影响。员工个人行为中符合文化场方向的活动将会被鼓励与加强，而不符合文化场方向的活动将会被限制与削弱，从而促进企业员工群体之间的协同。同时，员工通过调整自身在企业中的行为表现，使之符合文化场的要求，从而获得更好的精神追求、物质回报及职业发展，并将因此改变自己的生活方式与在企业中的职业生涯发展路径。同理，企业作为法人具有类似的性质，其发展状态由企业竞争力和社会文化场力共同决定。

性质 3：文化场与文化场之间存在着相互作用，其影响与场力的方向有关。相互作用的大小可以用场力间的夹角来阐述：两个场力间的夹角越小，产生的合力越大；反之，产生的合力越小。

在社会文化场中运营的企业，随着时间的推移，其运动轨迹将会越来越趋向社会文化场的方向。一般而言，与社会文化场方向相近、融合度高的企业，其发展质效优、可持续性强、社会认可度高；与社会文化场方向偏离、融合度低的企业，其发展质效差、可持续性弱、社会认可度低。因此，企业内部文化场的场力方向应尽量符合社会文化场的场力方向。

3.2.2 企业家精神

企业家精神是文化型企业管理的第一原动力，是实施文化型企业建设的首要因素和关键组成部分。同时，企业家精神也是文化型企业管理核心要素的重要组成，在其中发挥着承上启下的作用。一方面，企业家精神是社会文化场的接受者；另一方面，企业家精神也是内部文化场的关键推动者，如图 3-2 所示。

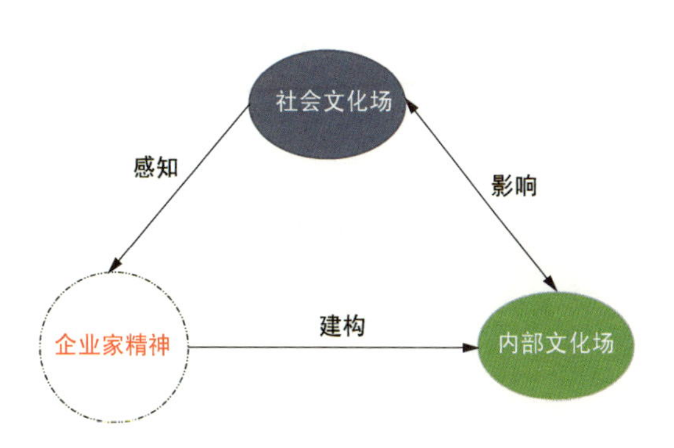

图 3-2　企业家精神与文化场之间的作用解析

文化乃企业家精神之根

企业家精神是西方经济学中的术语，是指企业家所具有的特殊技能（包括精神和技巧）的集合。企业家所特有的精神品质包括冒险精神、创新精神、敬业精神、合作精神、学习精神、执着精神、诚信精神等[69-70]。最为典型的便是冒险精神、创新精神、学习精神和敬业精神。概括来讲，企业家精神主要表现在企业家的心理特质和领导能力两个方面。

中国企业家精神与西方企业家精神存在一定的差异性，这种差异性可以追溯到文化价值的差异性[70-72]。比如，西方学者对企业家精神的研究主要围绕“创新”而展开，在此基础上扩展到使命感、济世精神和合作意识等维度。

优秀文化对于企业家精神的培育是至关重要的[73]。从文化的角度来看，企业家精神可以看作是一个相对复杂的文化有机系统，它既包括哲学世界观、价值取向、信仰、理想，又包括思维方式、经济伦理、能力等要素[74]。

从传统文化的角度来看，家国情怀是中国企业家精神的信仰基因[75]，可以将企业家精神理解为“内圣外王”。具体而言，“内圣”是指企业家的理想人格，具体表现形式为德才兼备；“外王”是指“王道”，可以理解为领导企业并影响他人。可以看出，中国传统文化思想更强调企业家的精神修养。举例来看，儒家思想中倡导的“修身、齐家、治国、平天下”的精神，是由士大夫精神向企业家精神的转变。老子的哲学思想，如“天人合一”，不仅强调道德与行为的统一，而且也重视人与自然社会的和谐相处。由此可见，卓越的文化基因孕育着优秀的企业家精神。

在当代，通过建设文化型企业，企业家要做创新发展的探索者、组织者、引领者和实践者。当代的企业家都在注重精神层面的追求，挖掘并还原文化的作用。企业家精神需要从一个民族的文化精神和伦理道德中不断汲取营养[72,76-77]。

3.2.3 “和合”管理

打造文化与管理的融合体：“和合”管理。

1. “和合”思想

“和合”管理源于中国传统文化思想中的“和合”思想。“和合”思想是中国传统思想文化中最富生命力的文化内核。“和合”在承认差异、冲突的同时，更强调“融合”后的整体状态或化生新事物的意蕴。所谓“合而为一”或“和合而生”，更具中国传统文化韵味[78-79]。

就内涵而言，“和合”是儒、道、法等各家各派所认同的社会组织原则，集中体现了中国传统管理文化的基本精神。“和合”在传统文化中首次被提出来源于“乾道变化，各正性命，保合太和，乃利贞”《易经·乾卦·彖辞》。道家思想中阴、阳两极辩证统一，动态运行而成“太极图”，可作为“和合”思想形象而又深刻的阐释。

基于“和合”思想，本文提出“和合”管理，旨在打造文化与管理的融合体，实现文化“和”之于管理和管理“合”之于文化，如图 3-3 所示。“和”强调异质因素的共处，“合”强调异质因素的融会贯通；“和”是实现管理目标的先决条件，“合”是实现管理目标的方法和手段[80-81]。

2. 主要内容

“和合”管理有助于实现组织内部各要素之间、各种管理方式之间、组织与外部环境之间“相互锁定、相互关联”所形成的一个“功能整体”或“整合的统一体”[82]138,[83]。

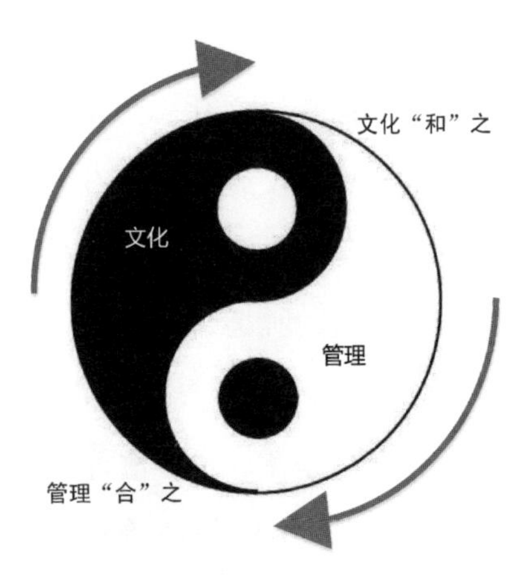

图 3-3 "和合"管理的太极图

"和合"管理产生了文化机制和管理机制，使得管理与文化进行双向融合。"和合"管理将"计划、组织、控制、协调、领导"五项基本管理职能与"理念层、行为层、视觉层"三个文化层次进行双向融合。"和合"管理体系如图 3-4 所示。"和合"管理包括"文化和之于管理"和"管理合之于文化"两个部分。

"和合"管理有助于企业有效配置和系统开发组织内外部的各种资源，应对当今复杂多变的管理环境的挑战。在管理目标上，"和合"管理可以包容组织中的各种关系。例如，身心和谐、人际和谐、群己和谐、天人和谐（组织与环境之间）、人事和谐（人才资源与物质信息资源）等方面[82]136，使组织

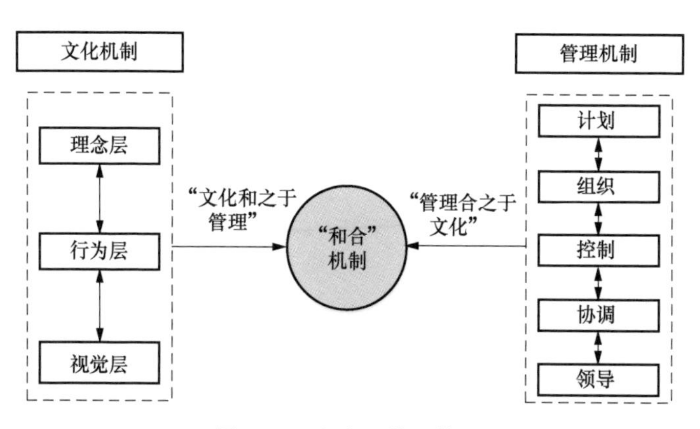

图 3-4　“和合”管理体系

的多元目标得以和谐实现。在管理实践上，“和合”管理不再追求单一的、普遍适用的管理模式和方法，而是寻求各种管理模式、方法的平衡和最佳结合点。“和合”管理不断推陈出新，辩证运用各种管理的理论、方式和技术，从而更好地促进组织发展。

3. “文化和之于管理”

《说文解字》中对“和”的解释为：“和，相应也。”不同事物之间的相互配合，和谐一致，这是“和”的本义。本书所提的“文化和之于管理”中，“和”取“协调、和谐”之意。

“文化和之于管理”是通过文化的力量来协调、和谐管理，达到彼此的融通与相互作用。所以，“文化和之于管理" 的出发点是 "文化"，着力点是 "管理"，落脚点是 "文化与管理" 的融合体。文化与管理具有内在联系，实现它们的相融发展是文化型企业管理的关键。"文化和之于管理" 在具体实践中要建立文化机制，打造文化与管理的融合体。

对于企业的文化层次划分各有差异，一般将文化从结构上分为以下三种层次，分别是 "理念层、行为层、视觉层"。

（1）理念层

文化的 "理念层" 是一种更深层次的文化现象[84]。在整个文化系统中，它处于核心地位，也是文化系统中最基础的部分。文化机制中的 "理念层" 不仅决定着企业的发展方向，也是企业区别于其他企业的最关键标识。而且，企业家精神是文化 "理念层" 产生的原动力与重要组成。正是因为企业家精神的作用，才会衍生出企业家的行为，从而推动企业不断发展与壮大。

（2）行为层

文化的 "行为层" 或称企业的行为文化，是企业员工在生产经营、管理实践和制度架构中产生的一种自觉行为文化。它包括企业经营、教育宣传、人际关系活动、文娱体育活动中产生的文化现象[85]。文化的 "行为层" 包括企业家的行为、企业模范人物的行为和企业员工的群体行为等。

（3）视觉层

一般而言，文化的“视觉层”是指由企业员工创造的产品和各种物质设施等构成的器物文化，是一种以物质形态为主要研究对象的表层企业文化，也是文化要素的显现和外化。它包括企业生产的产品和提供的服务，以及企业所创造的生产环境、建筑风格、企业形象和产品包装设计等[86]。

本书将文化“视觉层”的含义进行拓展：不仅是在物质层面所形成的文化符号，更是在心灵和精神层面对个人和企业产生的文化浸润和精神支柱。只有深入员工的心灵和精神层面，才能为员工成长和企业发展提供源源不断的动力；在日常的工作与生活中，才能持续影响员工个人的文化感受，不断积累产生文化的底蕴，从而为“员工成长、企业发展、社会进步”提供内生动力。

4. “管理合之于文化”

“合”的本义是上下唇合拢、结合。“合”有“聚合”之意，如“离则复合，合则复离”（《吕氏春秋·大乐》）。在《易经》和《尚书》中，“合”指“相符”。本书所提的“管理合之于文化”管理机制中的“合”取“聚合、相符”之意。

“管理合之于文化”是指通过管理的力量来聚合和符合文化，达到融会贯通。“管理合之于文化”的出发点是“管理”，着力点是“文化”，落脚点是“文化与管理”的融合体。

管理包括五个基本职能：计划、组织、控制、协调、领导。管理过程是通过对上述企业经营活动的各个要素进行综合形成的。

（1）计划

计划是管理的第一个要素，是管理过程中的第一个步骤。计划是一个确定目标和评估实现目标最佳方式的过程。计划包括确定目标、制定全局战略任务及完成目标和任务的行动方案。计划的本质体现在计划的目的性、首要性、普遍性和有效性上。计划的实施是一个自上而下的动态管理过程，是决定计划成功的关键因素。

（2）组织

从组织整体的角度看，组织是管理人员安排下属去实现集体的目标所采取的各项措施方法，是管理活动的基础。组织包括组织结构、组织设计和组织文化等内容。

（3）控制

控制是对企业的计划、领导等管理活动及其效果进行衡量和矫正的过程，从而确保企业的目标和拟订的计划得以实现。检验企业中发生的每一件事是否同所拟订的计划、发出的指示和确定的原则相符合，其目的是发现错误、改正错误和防止重犯错误。控制的有效性建立在团体接受管理的权威和标准的基础之上。具体而言，企业需要建立控制标准体系，以及衡量工作绩效的方法。控制可以看作是一个信息反馈系统，通过信息反馈对管理过程中的不足之处进行不断地调整，从而实现优化和改善。

（4）协调

协调是管理职责中最花时间的工作，包括对内协调和对外协调两个方面。对内协调的核心是沟通，形成企业内部良好的人际关系和企业的有序运行。对内协调需要解决好冲突，并建立有效的内部协调机制。对外协调的核心是公关，形成企业外部良好的公关关系，树立企业良好的外部形象，处理好企业间的复杂关系。

（5）领导

领导可使企业充分发挥作用，同时使企业人员做出最大的贡献。领导的本质是一种影响力，是对企业为确立目标和实现目标所进行的活动施加影响的过程。领导中往往需要采用激励的方式，改变员工的行为，使其产生更高的绩效和精神追求。此外，在领导方式上，领导者表现出的创造性和个异性，是个人素质的反映，体现了领导艺术。

3.2.4　文化型企业管理的力学解析

对于文化型企业管理的作用机制，可以从力的角度来分析。从力的角度来讲，文化型企业的绩效矢量主要受到“社会文化场”“企业家精神”和“和合”管理等多个方面的共同作用。文化型企业管理的力学解析如图 3-5 所示。

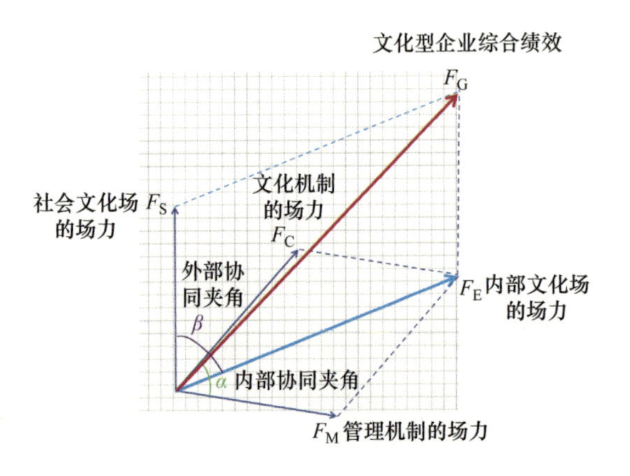

图 3-5　文化型企业管理的力学解析

1. 社会文化场的场力

社会文化场的场力是指企业所处的社会环境、经济政策环境、企业所在地的区域环境、所在产业的环境等外部的影响，记为F_S。

2. 文化机制的场力

文化机制的场力是“和合”管理中“文化和之于管理”机制所形成的场力。具体而言，是文化机制对企业整合资源、利用资源的影响，记为F_C。

3. 管理机制的场力

管理机制的场力是“和合”管理中“管理合之于文化”

机制所形成的场力。具体而言，通过管理机制对企业所能获取的资源进行作用，管理能够获取或整合利用的人、财、物、知识等各类企业资源作用力，记为F_M。

4. 内部文化场的场力

内部文化场的场力主要表现在两个方面：①企业的内部协同度；②企业的外部协同度。

对于企业内部而言，企业内部文化和管理的协同和融合程度称为“内部协同夹角”，记为α；对企业外部而言，内部文化场与社会文化场的相互协同程度称为“外部协同夹角”，记为β。管理机制的场力F_M与文化机制的场力F_C的合力，称为“内部文化场的场力”，记为F_E。

5. 企业家精神的驱动力

企业家精神的驱动力是指企业家精神对文化型企业管理各个要素的作用力，记为F_P。企业家精神的驱动力主要作用于以下四个方面：①文化机制的场力F_C；②管理机制的场力F_M；③内部协同夹角α；④外部协同夹角β。

具体而言，企业家精神的驱动力F_P越明显，文化机制的场力F_C和管理机制的场力F_M的数值将会越大；企业家精神的驱动力F_P越明显，形成的“和合”管理的作用越明显，内部协同夹角α越小，建构内部文化场的场力F_E的数值越大；企业家精神的驱动力F_P越明显，内部文化场的场力F_E与社会文化场的场力F_S之间的外部协同夹角β越小，所形成的文化型企业综合绩效F_G越好。

3.3 文化型企业管理的作用机制

文化型企业管理在文化型企业建设中发挥着关键作用。文化型企业管理的作用机制是怎样的呢？文化型企业管理的核心要素包括文化场、企业家精神和"和合"管理，三者是如何影响文化型企业管理？三者之间的作用机制是什么？

3.3.1 文化型企业管理的陀螺模型

1. 核心要素

为描述文化型企业管理核心要素——文化场、企业家精神和"和合"管理三者之间的相互关系和作用机制，本书建立了文化型企业管理的陀螺模型，如图 3-6 所示。

在陀螺模型中，文化型企业被比作锥体陀螺，陀螺的不断旋转意味着文化型企业的持续发展。文化型企业管理被比作陀螺模型中的基本要素，陀螺的不断旋转需要依靠文化型企业管理的持续作用。

文化型企业管理的陀螺模型由四个基本要素构成：陀螺中

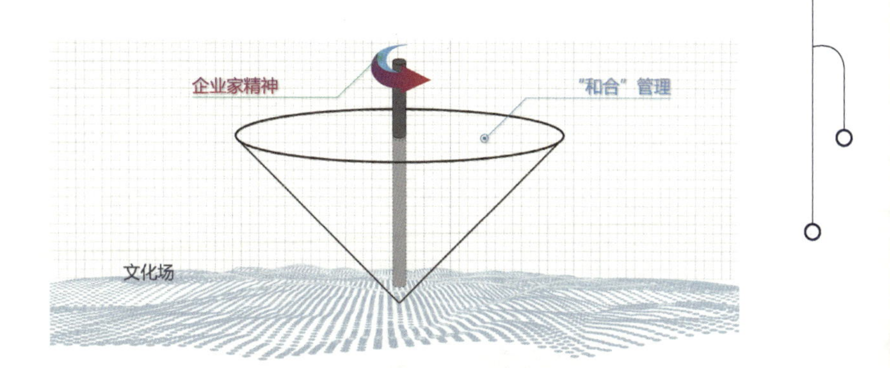

图 3-6　文化型企业管理的陀螺模型

心转轴、惯性盘、支撑空间和驱动力。它们相互关联、互为条件、相互作用，共同支撑陀螺的动态平衡。

具体而言，在该模型中，文化型企业相当于不断旋转的锥体陀螺；驱动陀螺旋转的驱动力是企业家精神；陀螺的中心转轴是文化型企业生命体形态中的“基因”，这是支撑陀螺运转的基础，是企业最稳固的一部分；文化型企业生命体形态中的“命态”表示锥体陀螺的不同物理状态；文化型企业生命体形态中的“进化”表示锥体陀螺的不同物理状态之间的变化过程；陀螺的惯性盘是“和合”管理，是由“文化和之于管理”和“管理合之于文化”组成的平面；支撑陀螺旋转的平面，以及陀螺所在的空间是文化场。

2. 作用机制

为了更清晰地描述陀螺模型的作用机制，我们对文化型企业管理陀螺模型进一步细化，建立了文化型企业管理陀螺模型的透视图，如图 3-7 所示。下面将描述企业家精神、文化场、“和合”管理和文化型企业生命体形态（基因、进化、命态）四个组成部分之间的相互关系和作用机制。

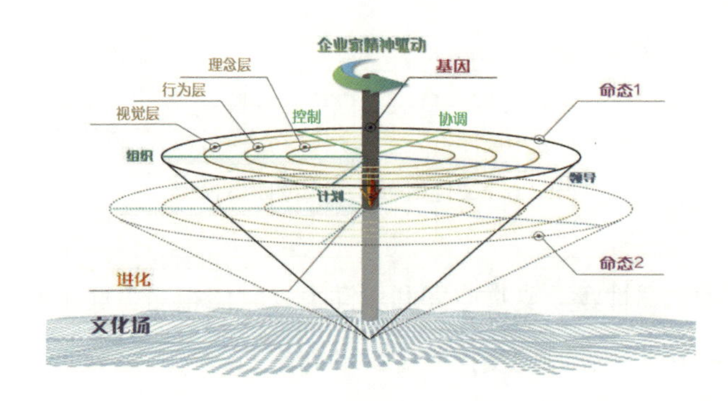

图 3-7　文化型企业管理陀螺模型的透视图

（1）企业家精神

企业家精神是驱动陀螺旋转的第一原动力。企业家能够感知社会文化场的“场力”，并通过企业家精神建构企业的内部文化场，形成内部文化场的“场力”。在企业内部文化塑造的过程中，社会文化场和企业家精神共同发挥作用。企业家精神是重要的动力因素，它必须要与文化型企业管理的诸要素协同才能发挥作用。

（2）文化场

文化场不仅是支撑企业运转的资源源泉，也是企业资源转化结果输出的目标场域。它会根据企业资源转化的结果与效果有效调整对企业的资源输入。文化场对企业的运营绩效有着十分重要的影响，对于文化型企业打造“员工—企业—社会”企业生态共同体的过程具有重要影响。

企业总是在一定的社会环境中运行，宏观的社会环境对企业整合与优化资源的过程与结果均有着很大的影响。社会环境既可以通过降低交易成本、提高社会资源供给来促进企业的资源转化行为，也可以通过提高交易成本、限制社会资源供给来阻碍企业的资源转化行为。

决定社会环境对企业影响方向的就是社会文化场“场力”的方向，社会环境总是给予那些符合社会文化场“场力”方向的社会组织更多的助力与资源供给；对那些不符合其发展方向的社会组织给予更多的阻力与资源限制。通过这种利益传导机制，激励企业等社会组织不断强化与社会文化场“场力”方向的趋同，并引导那些偏离方向的社会组织回归到社会文化场“场力”的方向上来。

（3）“和合”管理

“和合”管理是文化型企业发展的重要支撑，包括文化机制和管理机制。文化机制对应陀螺中的三个同心圆模型，从内到外依次对应“理念层”“行为层”和“视觉层”。管理机制对应陀螺中的支撑半径，对应五种基本管理职能，即计划、组织、控制、协调、领导。“和合”管理注重管理要素与文化要素的相互融合，打造“文化和管理”的融合体。

（4）文化型企业生命体形态

文化型企业生命体形态的“基因、命态、进化”三要素在文化型企业建设中相互作用、彼此联系，共同影响文化型企业的建设与发展方向。

“基因”是陀螺模型的中心转轴，是支撑陀螺运转的基础。“基因”决定着文化型企业的基本稳定形态和发展特质，是企业家精神作用于文化型企业建设的重要着力点。

“命态”是对文化型企业在不同发展时期的状态描述。“命态”决定着文化型企业建设的方向。“命态”的变化往往是文化场、企业家精神和“和合”管理等共同作用的结果。

“进化”是对文化型企业不同“命态”演变过程的描述。“进化”决定着文化型企业建设方向的总体思路，决定着“和合”管理的管理要素和文化要素的融合方式和融合程度，影响着“文化和管理”融合体的建构过程。“进化”主要受“基因”和“命态”的影响，同时受企业家精神所驱动。

3.3.2 陀螺模型的物理分析与管理解读

从物理的角度来讲，对于锥体陀螺来说，其运行效率可以从运转的稳定性与运转的持久性两个角度来衡量，其运转遵循如下物理规律，并可从企业管理的角度做如下理解：

1）陀螺的质量越大、旋转速度越快，其稳定性就越好，稳定持续的时间越长。

与之相对应的是，文化型企业运营的稳定性与企业的规模呈正相关，规模大的企业相对运营比较稳定。快速旋转的小陀螺的稳定程度可以比拟慢速旋转的大陀螺。与之相对应的是，文化型企业的运营速度与决策效率，也与企业运营的稳定性呈正相关，中小企业可以其快速反应速度抗击规模企业的挑战，“以速度迎击规模”。

2）陀螺的惯性盘直径越大、重心越低，其运转越稳定持久；陀螺的惯性盘密度越大、分布越均匀，其运转越稳定持久。

惯性盘的直径大小表示“和合”管理中管理机制和文化机制发挥作用的大小，惯性盘的密度和分布代表了“和合”管理中文化与管理的融合程度和协同程度。

从文化型企业管理的角度来看，“和合”管理中文化与管理相互融合的程度越高，企业的运营效率越高；文化型企业应该兼顾文化与管理，二者并重、和合一体，不能厚此薄彼，只有这样，文化型企业才能发展得更稳定、更长久。“文化和之于管理”与“管理合之于文化”两个方面融合得范围越广、程度越深，文化型企业运营得就越顺畅、越高效，同时也越稳定、越持久。

3）陀螺的运转效率与所在的场密切相关：所在的场阻力过大或者过小，都不利于陀螺的稳定运转。

从文化型企业管理的角度来看，企业的稳定运营与其所处的社会环境与行业环境等形成的社会文化场有着密切的关系。如何保持企业运营与所在区域经济、文化环境的协同，以及与所在产业的发展趋势相适配，需要企业审时度势、系统规划。

4）陀螺的驱动力越大，旋转速度就越快，其稳定性就越好，持续的时间越长。

从文化型企业管理的角度来看，企业运营的稳定性与企业家精神呈正相关。企业家通过创新精神和奋斗精神等的作用促进企业发展，企业运营相对比较稳定，企业的发展也会更加长久，可以不断抵御外界的干扰。

“术”篇：文化型企业管理实践

第 4 章

怎么想——文化型企业建设路径设计

A 公司是建设文化型企业和践行文化型企业管理的先行者。A 公司在开始建设文化型企业之初面临怎样的困境？为建成文化型企业，A 公司是如何设计架构的？其实践的总体路线又是如何呢？

为回答上述 A 公司是“怎么想”的系列问题，本章首先介绍 A 公司缘起文化型企业，包括 A 公司整体概述、企业管理哲学凝练、文化场解析和企业家精神塑造；然后重点梳理 A

公司的“GEL”生命体形态建构过程；最后给出 A 公司文化型企业建设实践的总体路线。文化型企业建设路径设计的关键要素如图 4-1 所示。

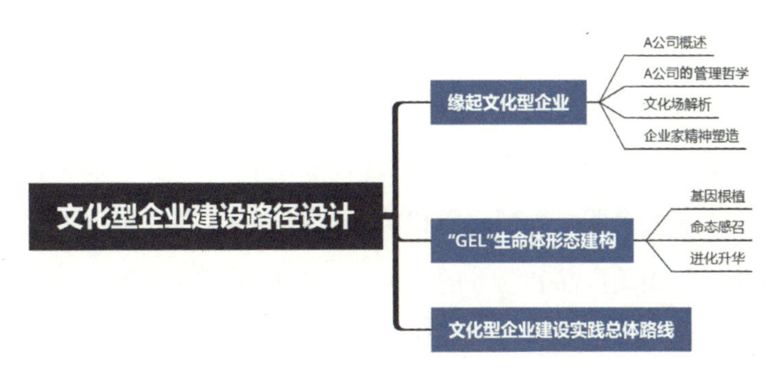

图 4-1　文化型企业建设路径设计的关键要素

4.1　缘起文化型企业

A 公司文化型企业的探索实践如下：2015 年，A 公司处于国家和所属行业快速发展的大背景中，出现队伍凝聚力不强、员工士气低落等内部问题；经过三年的文化建设，形成了完善的文化管理模式，深植文化基因，固化文化符号，初步完成文化建设目标，使公司队伍的凝聚力和士气得到极大提升，员工的归属感、使命感日益增强，为后续发展赋予文化的力量；又经过了四年，A 公司不断涵养企业家精神，及时进行社会文化场和企业内部文化场解析，提炼自身管理哲学，还原文化的力量，完成蝶变升级，初步建成文化型企业。

4.1.1 A公司概述

A公司属于某世界500强企业（母公司）下属的三级单位，隶属于省域二级单位（上级公司）管理，属于成本中心型，下设5个职能管理部门和4个二级机构，共有班组19个；主要承担相关产品和服务的运维、改造和建设业务等。公司于2012年成立。近年来，公司以文化力量激发全体员工干事创业的热情，立足文化系统建设，持续对内改革，实现文化基因的显化、优化、固化与改善，逐步形成自身特有的文化型企业管理体系；立足管理路径与模式创新，形成独具特色的管理开源系统，持续自我完善、抢占高地，最终实现华丽转身并向“高质量发展、系统发展、创新发展”持续迈进。A公司基于文化型企业的探索与实践，提出文化型企业理论与方法论体系，各项生产经营指标完成优异，业绩考核指标保持地区内A级（最高），获全系统管理提升的“标杆企业”等多项荣誉。回首来路，不忘初心。

1. 过去面临的困境

过去，A公司深陷管理泥潭：公司战略方向不甚清晰；公司定位和使命与上级期望有偏差；管理体系和方法手段不完备；核心竞争力不强；人才培养效率低下。总体上看，A 公司凝聚力不强，员工士气低落，发展质效不高，不能形成良好的发展态势。

2. 公司的追求

在困境中的 A 公司正处于蜕变重生的转折点。A 公司立志重塑管理模式、激发内生动力、持续变革，不断走向文化型企业的建设之路。

A 公司通过打造文化和管理的融合体，积淀文化、管理底蕴，还原文化的力量、激活管理动能，赋能企业发展。A 公司锚定发展愿景，秉持企业宗旨，建构并大力推动企业核心战略落地实施，践行文化型企业管理模式。经过七年的发展，A 公司已经初步建成了文化型企业。

3. 文化型企业建设历程概述

回首 A 公司建设文化型企业的历程，主要包括如下几个阶段，如图 4-2 所示。

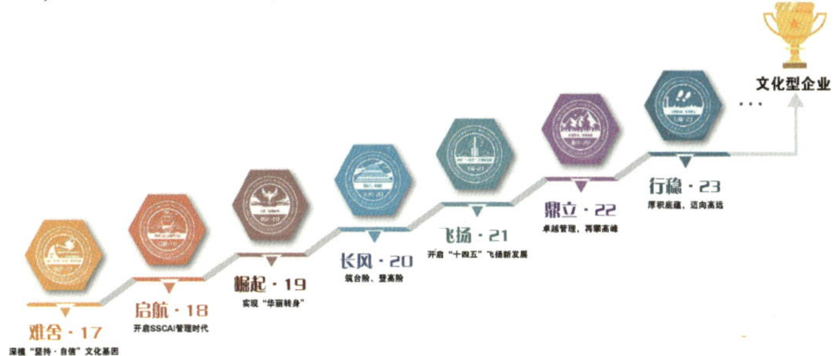

图 4-2　A 公司文化型企业建设历程

（1）深植文化基因

从 2015 年到 2017 年，A 公司经过三年的文化建设，形成完善的文化管理模式，深植文化基因，固化文化符号，初步完成文化建设目标，使公司队伍的凝聚力和士气得到极大提升，员工的归属感、使命感日益增强，为后续发展赋予文化的力量。

（2）开启全新管理体系

2018 年，A 公司创建全新管理体系，从行政管理和生产管理两大主线系统中建构人力资源、物力资源、基础及规划计划等全维度管理体系，实现系统性管理从无到有。

（3）实现华丽转身

2019 年，A 公司在结构性缺员的情况下，面对急难险重任务全面攻坚的严峻局面，充分发挥文化和管理驱动引擎的作用，深化完善管理体系，使各项工作实现高效协同联动，推动公司发展到历史新高度，实现系统性管理从有到优。

（4）筑台阶、登高阶

2020 年，A 公司在新型冠状病毒感染最为严峻之时，成立攻坚特战队，圆满完成业内相关平台建设，擘画企业发展蓝图，大力支持母公司战略落地，工作质效再登高阶，实现企业负责人绩效连续两年 A 级。

（5）开启“十四五”，飞扬新发展

2021 年，A 公司以 ISO9000 体系认证为契机，聚焦“高质量发展、创新发展、系统发展”三个发展，建功新征程，飞扬拓四方。

4.1.2　A 公司的管理哲学

A 公司通过对所处文化场的深度解析，包括社会文化场（国家层面和行业层面）和内部文化场解析，从情怀、良心、创新和气质四个方面全面塑造企业家精神，并结合文化场和企业家精神，最终凝练 A 公司的管理哲学为“以文化人，润物无声；知行合一，善治有为”。A 公司在此管理哲学的主导下，具体如何进行落地实践，本书将在后续章节进行详细阐述。

4.1.3　文化场解析

本书第 3 章已经对文化场的相关概念进行了详细阐述。文化场包括社会文化场和内部文化场。文化场解析就是分别对 A 公司所处的社会文化场和内部文化场进行分析，其中社会文化场包括国际、国家和所在区域的文化场，以及该企业所在产业的产业文化场等。文化场解析是文化型企业管理中重要的内容，是站在更为宏观的层面，对企业内外部所面临的国家发展战略、文化和价值观取向、行业特点和人员素质和能力等进行分析。下面将详细梳理 A 公司在建设文化型企业过程中的社会文化场和所面临的内部文化场。

1. 社会文化场解析

早在2015年，A公司在开始建设文化型企业之初，其所处的社会文化场首先是国家层面的“五位一体”总体布局，即经济建设、政治建设、文化建设、社会建设和生态文明建设五位一体，全面推进。2012年，中国共产党第十八次全国代表大会站在历史和全局的战略高度，对推进新时代“五位一体”总体布局作了全面部署。从经济、政治、文化、社会、生态文明五个方面，制定了新时代统筹推进“五位一体”总体布局的战略目标。2013年11月12日，中国共产党第十八届中央委员会第三次全体会议通过了《中共中央关于全面深化改革若干重大问题的决定》，进一步明确了全面深化改革的经济、政治、文化、社会、生态文明五大体制改革要点，其中对文化体制改革的要点是围绕建设社会主义核心价值体系、社会主义文化强国，深化文化体制改革，加快完善文化管理体制和文化生产经营机制，建立健全现代公共文化服务体系、现代文化市场体系，推动社会主义文化大发展大繁荣；完善文化管理体制，建立健全现代文化市场体系，建构现代公共文化服务体系，提高文化开放水平。

2016年7月1日，中国共产党中央委员会总书记习近平在庆祝中国共产党成立95周年大会上明确提出：“坚持不忘初心、继续前进，就要坚持中国特色社会主义道路自信、理论自信、制度自信、文化自信，坚持党的基本路线不动摇，不断把中国特色社会主义伟大事业推向前进。”文化自信是对中国特色社会主义先进性的自信。坚定文化自信就是要激发党和人民对中华优秀文化传统的历史自豪感，坚定对党领导人民建设社会主义现代化强国，实现中华民族伟大复兴事业的坚定信念，在全社会形成对社会主义核心价值观的普遍共识和坚定信念。文化自信的提出是对国家层面社会文化场的进一步强化。

2020 年 10 月 26 日至 29 日，中国共产党第十九届中央委员会第五次全体会议在北京召开，会议对文化建设高度重视，从战略和全局上作了规划和设计，提出今后五年文化建设的基本思路，部署了三个方面的重点任务：一是提高社会文明程度，二是提升公共文化服务水平，三是健全现代文化产业体系。其中，最重要的，就是明确提出到 2035 年建成文化强国。这是中国共产党第十七届中央委员会第六次全体会议提出建设社会主义文化强国以来，中国共产党中央委员会首次明确了建成文化强国的具体时间表。明确建成文化强国的具体时间表是对国家层面社会文化场的又一次重要强化。

A 公司在行业层面所处的社会文化场包括以下三个方面。第一，A 公司所属系统形成了以统一价值观念、统一发展战略为主的企业文化，围绕诚信和创新等核心价值观，从根本上坚持以人为本、将企业的科学发展作为企业发展的核心目标。第二，以党建引领企业的文化建设是大势所趋。A 公司首次发布《企业文化建设工作指引》，实施"文化登高"行动，从领导体制、指导理念、工作机制到方法载体，打出一套组合拳，建构党管文化新格局，努力开创新时代企业文化建设新局面。第三，立足新发展阶段、贯彻新发展理念、建构新发展格局，坚持推进文化铸魂、文化赋能、文化融入，持续提升文化软实力，有效促进企业高质量发展，充分发挥国有经济战略支撑作用。具体而言，文化铸魂，是为建设世界一流企业定向引航；文化赋能，是为建设世界一流企业蓄势增效；文化融入，是为建设世界一流企业凝心聚力。

2. 内部文化场解析

（1）"家园"文化：建家—持家—兴家

2015 年，A 公司内部开始形成"家园"文化管理模式，并完成"建家"，明确公司愿景和宗旨，搭建完成活动平台和技术平台，夯实文化建设的理论基础；2016 年完成"持家"，践行党政融合工作模式和员工成长关爱模式；2017 年完成"兴家"，在公司内部植入"坚持、自信"的文化基因，固化公司"毕业生"和公司"新生"等特色文化符号。公司一改在建设文化型企业之前队伍凝聚力不强和员工士气低落的状态，队伍凝聚力和士气得到提升，员工的归属感、使命感日益增强。

（2）系统性管理从无到有、从有到优

2018 年，A 公司建构了“系统性思维、体系化建构、过程性管控、协同式推进、激励性引领”的管理机制，确定行政指挥管理和生产指挥管理两大“指挥棒”，创建八大具体管理抓手，实现系统性管理从无到有，文化基因逐步落地。2019 年，A 公司进一步充分发挥文化驱动和管理赋能的双向作用，深化建构管理体系，实现了系统性管理从有到优，文化基因进一步深植。

（3）“高质量发展、创新发展、系统发展”三个发展

2020 年，面对突如其来的新冠疫情，A 公司在防控疫情的同时，圆满完成四大平台建设，擘画专业发展蓝图，大力支撑母公司战略落地，有序推进各项工作，工作质效再登高阶，实现了企业负责人绩效连续两年被评为 A 级。2021 年是“十四五”开局之年，A 公司紧紧聚焦“高质量发展、创新发展、系统发展”三个发展，与母公司发展总体布局相适应，迈进新发展阶段，建功新征程。

（4）文化型企业初见成效

到如今，经过七年的积淀和发展，A 公司初步建成文化型企业，具备文化型企业的核心特征，公司的宗旨也与文化型企业的宗旨相契合，具有文化型企业的特质，完成了独特的生命体形态建构，凝练自身管理哲学，采用文化与管理双向融合的

管理方式。这些都是 A 公司在建设文化型企业过程中，在不同时期所面临的内部文化场。

4.1.4 企业家精神塑造

企业家精神塑造是文化型企业管理中重要的组成部分，也是文化型企业建设中的动力源泉。在文化型企业管理实践中，企业家精神的塑造起到了承上启下的作用，既是企业领导者进行的文化场解析实践，又是实施文化与管理双向融合架构设计的重要前提。企业家精神的塑造是一个漫长的、系统的过程，A 公司企业家精神的产生离不开企业家个人特质的主导、所处文化场的驱使和优秀文化的滋养。A 公司在进行文化型企业建设的过程中，将企业家精神的关键组成分解为良心、情怀、创新和气质四个方面，如图 4-3 所示。

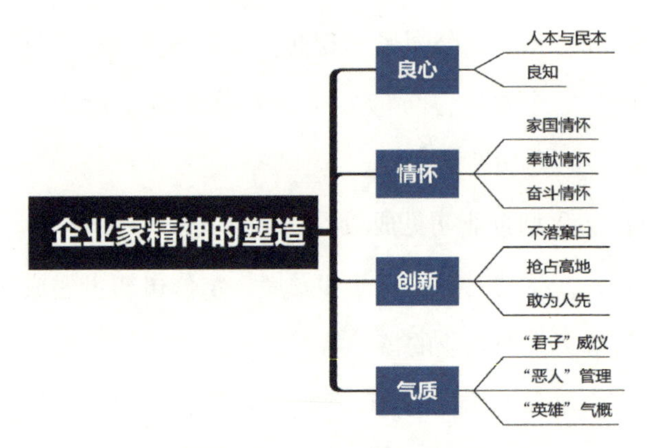

图 4-3 企业家精神的关键组成

1. 良心

良心是 A 公司的企业家精神的关键内容之一，包括人本与民本和良知两个部分，是企业家人生观、价值观和企业价值观的体现。

（1）人本与民本

A 公司企业家秉承“以人为本”“以民为本”的人生观和价值观。追求企业长青的目标绝非仅仅是高利润、低成本等，应是一个超越成本和利润而更为高远的使命。企业是社会之公器，经营企业和经营人生在本质上是一致的，都应有担当的精神，竭尽所能以回报国家和社会为存在的目的、价值和意义。随着经济社会的发展，我们已经迈入新商业文明时代，这要求企业家在谋取企业发展的同时要有正确的发展观。企业家经营企业的本质和终极目的应是能自觉以社会为中心将企业的发展融入社会的发展中，主动承担社会责任和历史使命。

（2）良知

A 公司企业家始终将良知摆在夯实企业发展根基的首位。良知是企业家精神的基石，是企业价值观的重要组成，是企业家的立身之本。企业家在带领企业发展的过程中，良知是绝对不能摒弃的原则，应努力打造有良知的企业。市场经济是法治经济，更是良知经济。没有良知的企业，将充满极大的道德风险，显著抬高运营成本，并造成社会资源的巨大浪费。

2. 情怀

情怀是A公司的企业家精神的又一关键内容，它包括家国情怀、奉献情怀和奋斗情怀。三部分内容彼此关联，相互作用，都是组成情怀的基本元素。

企业家具有家国情怀是受中华优秀传统文化的影响，同时也是对所处国家层面社会文化场（统筹推进"五位一体"总体布局、坚定"四个自信"、建设社会主义文化强国等）的一种主观回应。所谓家国情怀，是主体对共同体的一种认同，并促使其发展的思想和理念。其基本内涵包括家国同构、共同体意识和仁爱之情；其实现路径强调个人修身、重视亲情、心怀天下。家国情怀是文化型企业企业家精神的信仰基因。家国情怀源于儒家文化，它不仅要求人们对自己所处的集体有着基本的认同，更要将集体的需求放在首位。家国情怀作为儒家思想的内核之一，维系了千百年来儒商群体的道德准则，不断汲取儒家文化的精华得以进化，又在不断的进化中巩固商人群体的家国情怀内核。家国情怀是"兼济天下"的体现，体现了社会责任。"心怀国之大者"，正是文化型企业企业家精神的家国情怀的体现。

企业家的奉献情怀和奋斗情怀是A公司在时代潮流中适

应发展环境、追求高远目标所必备的原始驱动力。在建设文化型企业的过程中，企业家用“一级带着一级干、一级做给一级看”的精神，锻造出一个个逢山开路的实干家和破冰者。他们特别能吃苦、特别能战斗，是一支来之能战、战之能胜的员工队伍。

3. 创新

创新是企业家精神的灵魂和核心本质。在 A 公司，企业家的创新精神具体体现为“不落窠臼”“敢为人先”和“抢占高地”等。

企业是创新的主体，是推动创新创造的生力军。企业家要做创新发展的探索者、组织者和实践者。企业家作为创新项目的组织者与领导者，是推动自主创新的重要动力。彼得·德鲁克在《创新与企业家精神》一文中指出，企业家精神和实践创新是所有企业和机构系统化、有组织、有目的的工作。现代创新理论的提出者约瑟夫·熊彼特认为，企业家是社会经济创新的主体，创新是企业家精神的灵魂，也是管理的重要职能，是企业家精神的真谛。

“惟改革者进，惟创新者强，惟改革创新者胜。”创新是企业发展的核心竞争力，只有创新才能使企业产生突变，才能使企业“应万变”。当前我国经济正处于转变发展方式、优化经济结构、转换增长动力的攻关期，面临很多新的机遇与挑战。A 公司企业家时刻提醒自己和员工"不落窠臼"，具有"敢为人先"的胸襟和气魄，锚定新目标、肩负新使命，准确把握时代发展的"时"与"势"、"危"与"机"，准确识变、科学应变、主动求变，在危机中育先机，于变局中开新局；直面挑战、敢于创新，专注品质、追求卓越，不断"抢占高地"，积极探索适合自身发展需要的新道路、新模式。

4. 气质

除了上述几个层面的内容之外，A 公司的企业家精神还与企业家本人的素质和境界有关，包括更为丰富的品质，如"君子"威仪、"恶人"管理和"英雄"气概。

(1)"君子"威仪

A 公司的企业家精神的追求是"君子在位可畏，施舍可爱，进退可度，周旋可则，容止可观，作事可法，德行可像，声气可乐，动作有文，言语有章，以临其下，谓之有威仪也"(《左传·襄公三十一年》)。

(2)"恶人"管理

A 公司企业家从开始建设文化型企业之初就一直坚持"恶人"管理。作为领导，应该具有"菩萨心肠、雷霆手段"的管理素质。领导者要有一颗赤子之心，心怀员工、企业的利益；同时，更需要拉下面孔、强势管理。如果没有"强势手段”，是难以带领员工和团队的。不能让员工总是把“老好人”这样的词放在高层管理者的身上，必须做一个敢于做“恶人”的人。

A 公司营造了“一级带着一级干、一级做给一级看”和“刀刃向己”的文化。作为高层管理者，要想带领一个团队、管好一个企业，就要能够狠下心来。一方面，不要怕得罪中层管理者。下属有了问题，不要追究基层员工的责任，而是要追究中层管理者的责任。只有这样做，中层管理者就会揪住下面的人不放，就会理直气壮地扮演“恶人”的角色，一级抓一级就是这样形成的；另一方面，对于那些不愿得罪人的管理者，特别是当需要他扮演“恶人”角色的时候，他却缩手缩脚，无动于衷。对此，高层管理者不要容忍他，要能够狠下心来处理他。实际上，国内许多著名的企业家或多或少都在秉承“恶人”管理理念，管理要求都很严格。

(3)“英雄”气概

“时势造英雄，英雄亦造时势”。时势造英雄，是认为英雄是由时代造就的，是时代背景下的产物；英雄造时势，则认为英雄可以引领时势，进而影响社会发展和存在。A 公司企业家精神塑造的一个重要方面，是企业家在时代的大潮中具有敏锐的洞察力和方向把控力，以及坚韧不拔的探索精神。正所谓“自反而缩，虽千万人，吾往矣”。

4.2 “GEL”生命体形态建构

在文化型企业建设过程中，企业生命体的建构发挥着关键作用，将企业给予拟人化的表达，赋予企业新的生命力。A 公司从“基因植根”“命态感召”“进化升华”三个方面进行“GEL”生命体形态建构。三者之间紧密联系，共同发挥作用。具体而言，植根于企业的文化基因，打造了文化型企业的底蕴；根据文化型企业的不同发展阶段定义企业生命体所面临的命态；企业从不同命态开始进化升级，循环往复，不断发展壮大。

4.2.1 基因植根

文化型企业生命体建构的关键在于企业基因的根植。文化基因的力量可持续为企业的发展赋能，让企业员工在日常工作和企业活动中落实企业生命体基因植根。A 公司的文化基因是“坚持、自信”“立志高远、脚踏实地”，如图 4-4 所示。这是

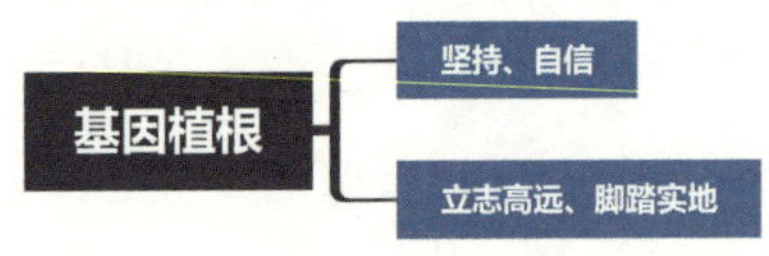

图 4-4　A 公司的文化基因

由A公司所处的文化场和企业家精神共同决定的。

1. 坚持、自信

坚持就是不改变、不动摇，始终如一。坚持是意志力的客观表现，也是一种有毅力的表现。自信是自己相信自己。自信是一种底气和态度，给人以力量，是力量的源泉。“自信人生二百年，会当水击三千里。”A公司把“坚持、自信”转化为力量之源，将其培育成公司的基因，这种基因能激发企业的凝聚力、战斗力、活力等。

A公司在进行文化型企业建设之初，出现队伍凝聚力不强、员工士气低落等内部问题。此时，具有奋斗情怀和奉献情怀的企业家，秉承“人本和民本”的理念，开启“家园”文化建设，在公司内部植入“坚持、自信”的基因。经过三年的文化建设，公司完成了“建家—持家—兴家”三步走，使得公司的队伍凝聚力和士气得到极大提升，员工的归属感、使命感显著增强，公司的战斗力和活力持续被激发，员工从上到下变得有“自信”了。有了“自信”，A公司愈加“坚持”，实现系统管理体系从无到有、从有到优的“华丽转身”，接连攻坚克难，取得一系列显著成绩，变得更加“自信”。“坚持、自信”的基因不断往复，不断传递，就如同生物学的基因遗传一样。

2. 立志高远、脚踏实地

企业要发展首先要有方向，就如同生活要有奔头。对于企业员工而言亦是如此，员工要想成长，就要有高追求。企业管理者应该结合员工成长、企业发展和社会进步，绘制清晰的蓝图，要让员工立志高远。但仅有蓝图和高远的志向是不够的，如何实现才是关键，因此在做事过程中，员工要脚踏实地。

立志高远是方向，脚踏实地是实干。A 公司在各个方面都在秉承这一理念。以文化建设为例，A 公司在企业家家国情怀和创新精神的驱动下，充分解析社会文化场和企业内部文化场，进一步“立志高远”，不仅进行了文化建设，而且从文化建设发展到文化管理再到建成文化型企业。A 公司在已有文化建设成果的基础上，以文化型企业为远景目标，设计不同的发展阶段并分解阶段目标，然后一步一个脚印，“脚踏实地”地向着最终目标迈进。在此过程中，“立志高远、脚踏实地”的基因也在广泛传承中。

4.2.2 命态感召

命态是对文化型企业生命体形态的描述，是文化型企业生命体的核心要素之一。命态可以理解为文化型企业的各个发展阶段。A 公司从文化型企业初始建设到初步建成文化型企业共经历了四个发展阶段，即 A 公司文化型企业生命体先后经历了四个命态，分别是“牙签顶铅球”“筑台阶、登高阶”“把节奏、向从容”和“美感与从容”，如图 4-5 所示。这些命态也是对当时 A 公司的员工、企业和社会所处状态的高度总结和凝练，与“员工成长、企业进步、社会发展”的文化型企业宗旨相呼应。

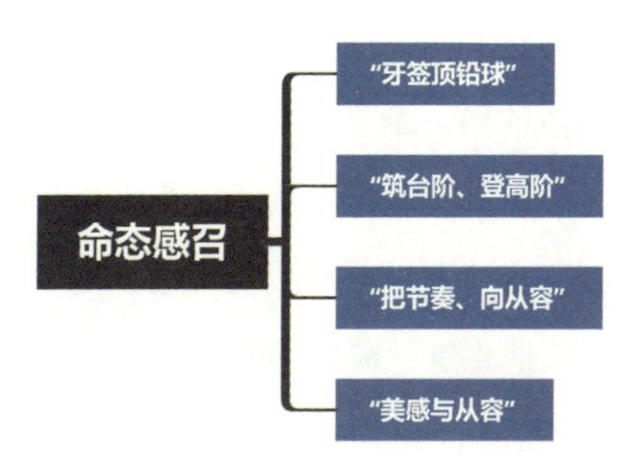

图 4-5　A 公司文化型企业生命体的命态

1. “牙签顶铅球”

“牙签顶铅球”是 A 公司开始建设文化型企业的零（起点）阶段，是文化型企业生命体的初始命态。当时，A 公司在结构性缺员的情况下，却需要面对急难险重任务的全面攻坚。A 公司形象地将这一阶段的命态描述为“牙签顶铅球”，意为公司的实力弱小，就如同“牙签”，而形势所迫的外界任务却非常沉重，就如同“铅球”，“牙签”之弱小却要顶住“铅球”之沉重。在这个命态下，公司的员工处于疲于应对的状态、士气不高；整个公司面临发展形势相对窘迫的状态；社会及上级公司对 A 公司的认可程度不高，处于边缘状态。“牙签顶铅球”这一命态不是 A 公司提前设计好的命态，而是当时的内外部环境和客观条件等共同作用而产生的命态。

2. “筑台阶、登高阶”

A 公司瞄准文化型企业这一高远目标，在充分解析行业层面社会文化场的基础上，设计了公司发展的第一个阶段，也是文化型企业生命体的第一命态——“筑台阶、登高阶”。在这一命态感召下，A 公司期望建立基础运营平台和管理平台，擘画公司发展蓝图，支持上级公司战略落地，使工作质效再上一层楼。A 公司形象地将这一阶段的命态描述为“筑台阶、登高阶”：构筑基础运营平台和管理平台这个“台阶”，使得公司的工作质效登上“高阶”，再不断地“筑台阶”固化企业发展成果，最终实现企业建设效果的“登高阶”。在这个命态下，A 公司的员工逐渐感到工作有奔头，不断努力奋进；A 公司的经营业绩等各方面表现都不同程度地跨上一个新的台阶；社会对 A 公司的评价越来越好，一定程度上促进了社会的进步。

3. “把节奏、向从容”

A 公司设计的第二个发展阶段，也是文化型企业生命体的第二命态是“把节奏、向从容”，即把握管理节奏，走向从容发展。“把节奏”是把握适合自身的管理节奏。老子说“企者不立，跨者不行”，意思是踮着脚尖不可能永久地站立，迈起大步想要前进得快，反而不能远行。“向从容”是指走向有序、不紧迫而又高效的状态。A 公司在“筑台阶、登高阶”

命态的基础上，掌握自己的“节奏”，有序推进各项管理活动，使公司在日常经营中变得更加“从容”。在这个命态下，A 公司在员工队伍培养、管理体系建设、工作质效提升等多个方面有序推进，最终达到员工队伍素质提升、管理体系效率提升、工作质量和效果不断突破。在当前和未来一段时间内，A 公司将持续迈入全方位发展的有序推进状态。

4. “美感与从容”

“把节奏、向从容”的下一个境界是“美感与从容”，是 A 公司设计的第三个发展阶段，也是文化型企业生命体的第三命态。这里的“从容”是综合能力提升后行事游刃有余、心态平和的状态。正所谓“不管风吹浪打，胜似闲庭信步”。此时 A 公司会发现一种美感，那就是“各美其美，美人之美、美美与共”。“美感与从容”是 A 公司建成文化型企业之前所经历的高阶命态，对公司能否成功“进化”到文化型企业至关重要。这里的美感包含两层意思。一是客观上的美学存在，包括员工队伍精神风貌出众，企业经营绩效良好、成果突出，企业在行业内部的影响力较大，具有优良的社会声誉。二是主观上的美学感受，包括员工的获得感、企业本身的成就感和社会的认同感。需要注意的是，美感是一个高阶命态，A 公司目前还未完全达到或实现，仍然处于奔向“美感”的路上，是当前和未来相当一段时间 A 公司的努力方向。

4.2.3 进化升华

文化型企业的建设过程是企业不断迭代升级的过程，需要经历不同的发展时期，并面临着不同的发展任务。而文化型企业生命体的进化正是对企业发展规律的准确把握，是对企业员工实现目标过程中行为活动的指导性原则。A 公司文化型企业生命体的进化主要包括“从从无到有到从有到优”“从量变到质变”“从复杂到简单”三个进化过程，如图 4-6 所示。这三个进化过程的每一个过程都体现着管理和文化的双向融合、相互着力，共同推动着命态的持续进化。

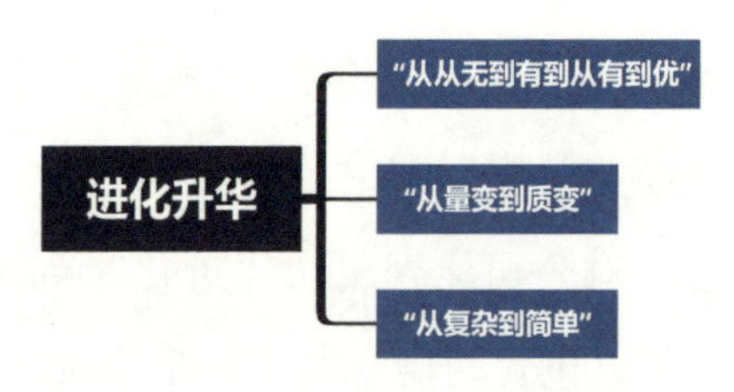

图 4-6　A 公司文化型企业生命体的进化

1. “从从无到有到从有到优”

A 公司文化型企业生命体进化的第一个过程是“从从无到有到从有到优”，完成从“牙签顶铅球”命态到“筑台阶、登高阶”命态的进化。“从从无到有到从有到优”的进化过程分为“从无到有”和“从有到优”两个子过程。“从无到有”

子过程的关键是要解决从“0”到“1”的突破，是指A公司在管理不成体系、管理功能结构性缺失的形势下，创造性地提出“系统性思维、体系化建构、过程性管控、协同式推进、激励性引领”的管理机制，确定行政指挥管理和生产指挥管理两大“指挥棒”，创建八大具体管理抓手，实现系统性管理从无到有。在“从无到有”的基础上，“从有到优”的子过程需要解决的关键问题是如何实现高质量发展、创新发展和可持续发展。A公司在已有管理体系的基础上，充分发挥文化和管理两个驱动引擎的作用，深化完善管理体系，使各项工作实现高效协同联动，推动公司发展达到历史新高度，实现系统性管理从有到优。

2. “从量变到质变”

A公司文化型企业生命体进化的第二个过程是“从量变到质变”，完成从“筑台阶、登高阶”命态到“把节奏、向从容”命态的进化。企业的发展过程是通过量变积蓄动能，通过质变实现阶跃发展。企业家要果断地、不失时机地突破其范围和限度，积极促成质变，进而实现企业的飞跃发展。A公司从初始命态到“筑台阶、登高阶”命态已经经历六年的沉淀和积累，如“班子、中层、队伍”三个层面转作风、“抓基层、强基础、建规范”基础管理、人才孵化工程体系和全面计划管理体系都已经迭代到2.0版，量变已经积累到一定程度，质变是量变的必然结果，符合事物发展的规律。

3. “从复杂到简单”

A 公司文化型企业生命体进化的第三个过程是“从复杂到简单”，完成从“把节奏、向从容”命态到“美感与从容”命态的进化。

一方面，“复杂”是对企业经过长期发展后面临着的一种常态的描述，如管理流程的复杂性增加、部门与部门之间的业务衔接不顺畅、人员的岗位职责分配出现冗余或缺失等。从该层面上来讲，“从复杂到简单”就是要通过优化或再造业务流程、调整组织架构、岗位职责分配等方式，实现企业从“复杂”到“简单”的进化升级，实现业务流程优化、组织架构优化和岗位人员优化等。

另一方面，“复杂”是对企业多元发展战略的一种企业描述，也是对管理者和员工从事企业活动的一种行为描述。对于企业而言，“从复杂到简单”就是要实现企业发展过程中的战略聚焦，实现企业从多元发展到协同高效发展。对于员工而言，“从复杂到简单”也是一种行为方式的指导原则，指导企业管理者和员工在企业管理活动和日常工作中注重“化繁为简”，提升做事的效率和质量。

经过前期“复杂”工作成果的积累，A 公司系统性管理稳步运转，一大批成果进阶升级且固化为常态工作机制；高质量通过 ISO9000 质量管理体系认证；战略多级落地模式完整建立；公司通过“高质量发展、创新发展、系统发展”开创了新局面，公司运营变得“简单”。

“从复杂到简单”这一进化过程也是一种高阶进化过程，是一个动态的、循环往复、螺旋上升的过程，永远处于“在路上”的状态。这一过程的初级阶段一定是从简单到复杂的，因为这个阶段是奠定基础的阶段，将简单变复杂后才能达到一定水平。有了一定的基础后，高级阶段才是从复杂到简单，其中包含无数的从简单到复杂再到简单的派生和循环。

4.3　文化型企业建设实践总体路线

A 公司文化型企业建设实践总体路线图如图 4-7 所示。A 公司在分析社会文化场的前提下，秉持“以文化人，润物无声；知行合一、善治有为”的管理哲学，在“坚持、自信”和“立志高远、脚踏实地”的基因作用下，从“思想式运筹、具象化实践、精神态升华”的文化和“系统性思维、体系化建构、过程性管控、协同式推进、激励性引领”的管理两个方面双向着力，通过一系列“和合”机制落地工具，使 A 公

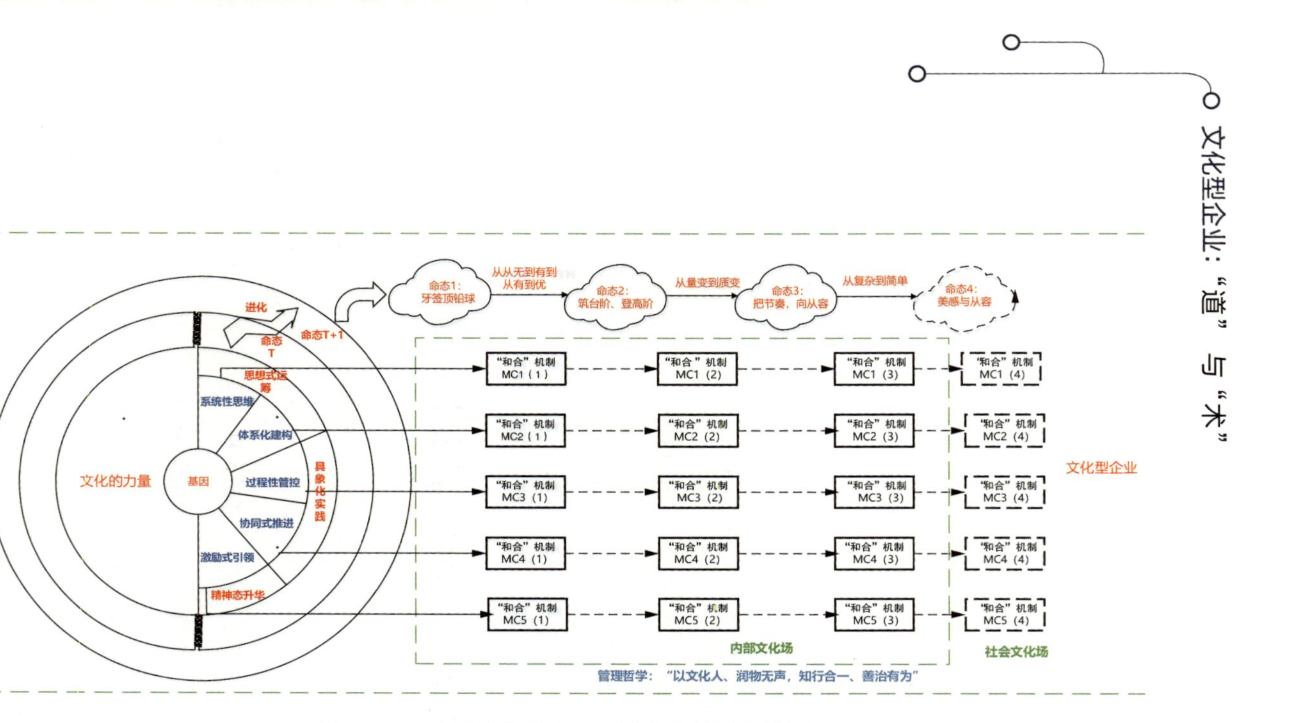

图 4-7　A 公司文化型企业建设实践总体路线图

司逐步从“牙签顶铅球”的初始命态，经历“从从无到有到从有到优”的进化过程，达到“筑台阶、登高阶”的命态，再经历“从量变到质变”的进化过程，达到“把节奏、向从容”的命态。目前正在经历“从复杂到简单”的进化过程，处于“美感与从容”命态的前行路上，向实现高质量建成文化型企业的目标不断迈进。

第5章 怎么做——文化型企业“和合”管理实践

A公司的文化型企业建设之路，建构了“以文化人，润物无声；知行合一，善治有为”的管理哲学，塑造了“良心、情怀、创新、气质”的企业家精神，形成了以“基因、进化、命态”为基本要素的企业生命体形态，初步建成了文化型企业。

在文化型企业的建设过程中，A公司注重打造文化与管理的融合体，实现文化与管理的双向融合。在此过程中，“和合”管理发挥着关键的作用。

“和合”管理具体包括哪些核心要素？这些核心要素是如何发挥作用的？本章将逐一进行介绍。文化型企业“和合”管理实践的核心要素如图 5-1 所示。

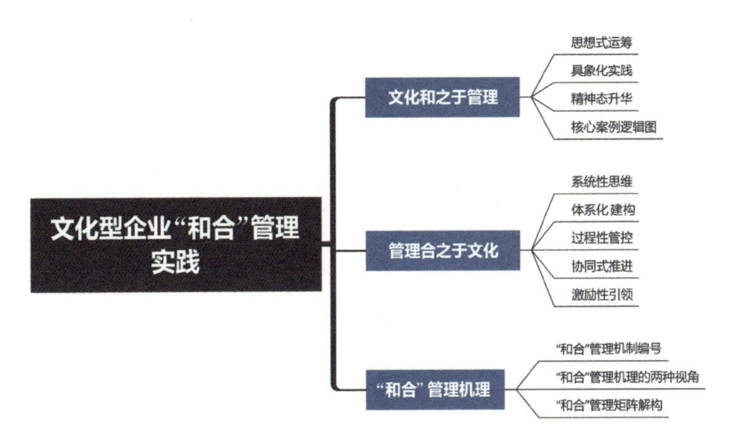

图 5-1　文化型企业“和合”管理实践的核心要素

5.1　文化和之于管理

第 3 章对“和合”管理进行了详细阐述。“和合”管理包含“文化和之于管理”和“管理合之于文化”两部分内容。本节将重点阐述“文化和之于管理”的企业实践，下一节重点介绍了"管理合之于文化"的企业实践。

如第 3 章所述，"文化和之于管理"是通过文化的力量来协调、和谐管理，达到彼此的融通与相互作用。所以，"文化和之于管理"的出发点是"文化"，着力点是"管理"，落脚点是"文化与管理"的融合体。具体如何去建构呢？企业需要从文化结构的"理念层、行为层、视觉层"进行建构。

A 公司在企业实践中为落地上述三层文化结构，分别对应提出了思想式运筹（Thought-based Strategy）、具象化实践（Reified Practice）和精神态升华（Spiritual Sublimation）。以上三部分内容简称"TRS"文化机制。

"TRS"文化机制实践的整体逻辑是什么？不同内容之间的内部逻辑是什么？

1. "TRS"整体逻辑关系

"TRS"文化机制三者之间遵循"知行""行知"和"知行合一"循环往复的迭代过程，如图 5-2 所示。此过程中实现"从认知到认同""从认同到行动"和"从行动到升华"的过程，分别对应思想式运筹、具象化实践和精神态升华这三部分内容的内在逻辑。

2. "TRS"文化机制的内部逻辑

"TRS"文化机制的内部逻辑如图 5-3 所示。

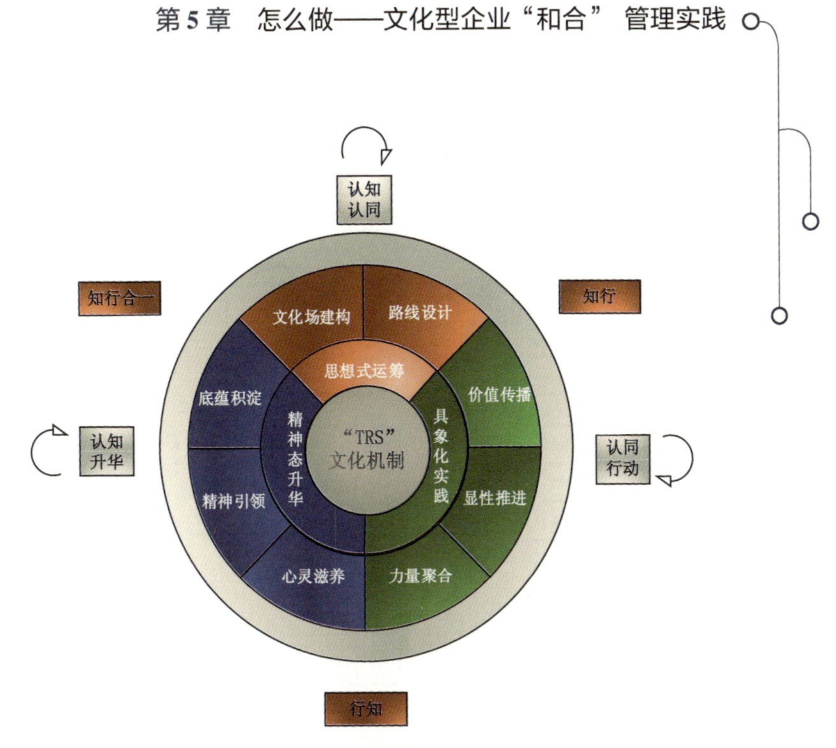

图 5-2　“TRS”文化机制的内部逻辑图

（1）“思想式运筹”的内部逻辑

如图 5-3 所示，“思想式运筹”是对文化“理念层”建构的企业实践，其目的在于实现对文化“从认知到认同”的过程。其中，树立信念是企业实现文化“理念层”认知的关键内容；凝聚思想是企业对文化“理念层”认同的核心。“思想式运筹”的内部逻辑是建构“树立信念—凝聚思想”的过程。

（2）“具象化实践”的内部逻辑

如图 5-3 所示，“具象化实践”是对文化“行为层”建构

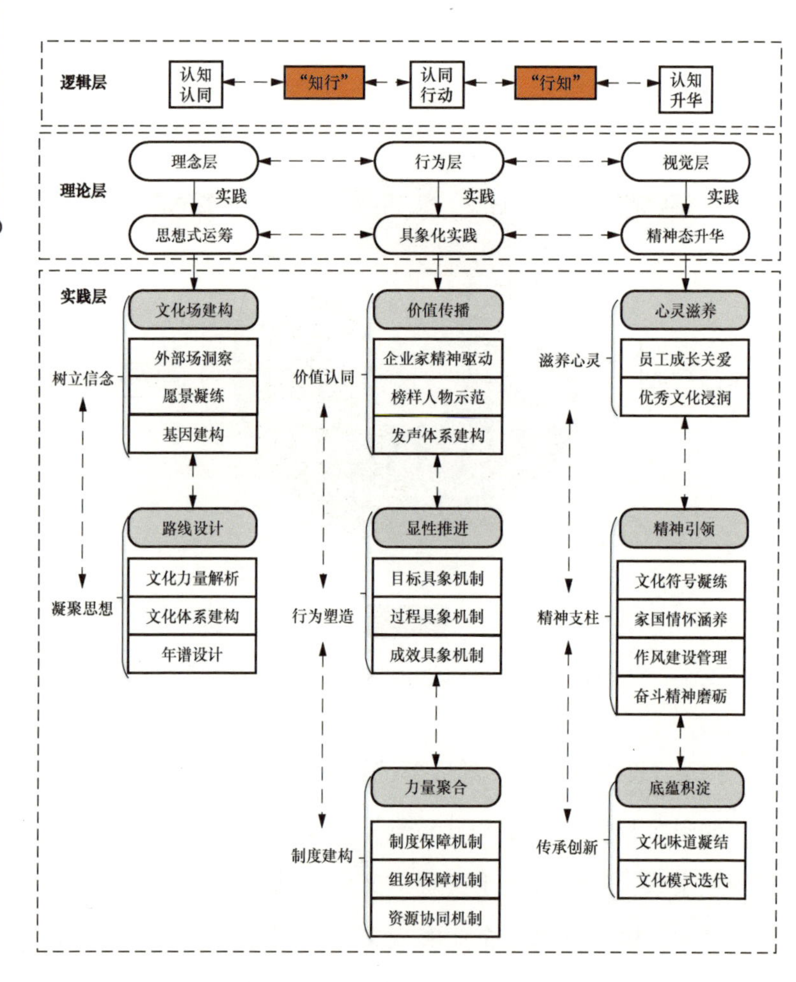

图 5-3 "TRS"文化机制内部逻辑

的企业实践，其目的在于实现对文化"从认同到行动"的过程。其中，价值认同是企业开展"行为层"建构的重要前提；

行为塑造是文化“行为层”落地的核心内容；制度建构是文化“行为层”的重要成果。“具象化实践”的内部逻辑是建构“价值认同—行为塑造—制度建构”的过程。

（3）“精神态升华”的内部逻辑

如图 5-3 所示，“精神态升华”是对文化“视觉层”建构的企业实践，其目的在于实现对文化“从行动到升华”的过程。其中，滋养心灵是建构精神支柱的重要前提；建立精神支柱是企业“视觉层”建构的核心内容；通过传承与创新激发文化力量。“精神态升华”的内部逻辑是建构“滋养心灵—精神支柱—传承创新”的过程。

5.1.1　思想式运筹

1. 定义

思想式运筹是企业树立信念、凝聚思想、指导企业行为的一种理念建构机制。

2. 作用

“譬道之在天下，犹川谷之於江海”（《道德经·第三十二章》）。“理念层”的建构是文化机制的核心和灵魂。文化“理念层”的建构，就像“道”存在于天下，一切江海河川都归于自然。

“思想式运筹”的主要作用在于：

1）建构文化的“理念层”以树立企业的信念。

2）实现对文化“从认知到认同”的建构过程以产生管理思想。

3）分析企业的社会文化环境、明确发展思路和指明发展方向等，并设计和形成指导企业行为的指导思想、管理体系和方法论等。

3. 主要内容

树立正确的信念和企业凝聚思想是指导企业行为和开展管理实践的前提与保障。缺乏正确的信念，就无法保障企业选择正确的发展方向和实现企业的持续发展；没有凝聚思想就无法有效指导企业的行为和管理实践。

树立信念是完成文化“理念层”认知的过程。这个过程贯彻企业整个生命周期，需要不断明确企业的终极价值追求，即“企业是什么”“企业从何而来”“企业将去往何方”“企业将如何到达”等问题。

凝聚思想是完成对文化“理念层”认同的过程。在这个过程中，企业需要从正确的信念出发，结合企业发展现状，产生相应的管理思想、指导原则和方针等内容，从而指导企业的行为和管理实践。

对文化“理念层”的认知和认同，是一个逐步深入的过程。为有效解决上述问题，企业需要建构一套方法用于指导企业的管理实践。具体而言，包括以下两部分的内容。

首先，需要完成对文化“理念层”的“认知”过程，并建立一套结构化的管理方法与工具。该部分内容需要明确对于企业社会文化环境、发展思路和发展方向等的认知，从而形成建构企业管理的着力点，如“发展趋势”“总体布局”“愿景”和“基因”等管理要素与文化要素。

其次，需要建立对文化“理念层”的“认同”过程，并设计和形成指导企业行为的指导思想、管理体系和方法论等。该部分内容的作用在于实现文化“理念层”的“从认知到认同”的管理实践，形成企业独有的管理实践经验，如“核心理念”“文化体系”“命态”等管理要素与文化要素。

以上两部分内容分别总结为“文化场建构”和“路线设计”。

(1) 文化场建构

文化场建构的主要作用在于树立企业的信念。“道常无名，朴”(《道德经·第三十二章》)。树立信念与“道”类似，它一直处于真实朴素的状态。但是，信念是无名的、看不到和摸不着的，因而，需要建立一套结构化的管理方法与工具以实现文化场建构。

如前所述，文化场包括社会文化场和内部文化场两个部分。文化场构筑主要包括以下三个部分：

1）外部场洞察：需要对企业面临的社会文化场进行分析与调研。"运筹帷幄，决胜千里。"充分收集信息以分析企业的社会文化场，是实现文化"理念层"的"认知"建构的重要环节。

A公司实践：国家战略的企业实践

"外部场洞察"的内涵：洞察与分析企业生存的外部文化环境，包括国家层面的政治与文化环境、产业与行业的社会环境、所在地域的人文环境、管理浪潮等。文化型企业是对文化强国战略的企业实践。

A公司通过对国家层面文化强国战略的分析，洞察到从"文化强国"到"文化强企"发展的必要性，以及第四次管理革命浪潮的到来。因此，A公司开启了文化型企业建设之路，不断增强企业的文化属性，提升企业员工的文化素养，使得企业的人文素养与时代特色更相配。

2）愿景凝练：在企业社会文化场分析的基础上，结合企业家的价值主张，形成企业的发展愿景，逐步建立企业内部文化场。愿景凝练能够明确企业的发展前景和发展方向以形成企业未来发展的核心理念。A公司在实践中凝练出以企业宗旨与企业特质为代表的企业愿景。

A 公司实践：企业宗旨与企业特质

“愿景凝练”的内涵：时代需求与企业家价值主张相互结合的体现。

A 公司根据国家层面的“人民有信仰、国家有力量、民族有希望”，结合企业家价值主张中“良心”“情怀”“创新”和“气质”等要素，勾勒出清晰的企业愿景，并通过“员工有情怀、集体有追求、企业有力量”的企业特质与“员工成长、企业发展、社会进步”的企业宗旨予以描绘。

3）基因建构：在上述分析的基础上，企业家结合企业愿景、发展历程、人员特质、精神追求和企业内部文化和管理特点等进行基因建构：凝练企业自身所特有的、稳定不变的特质，从而指导企业经营活动和员工集体行为。

A 公司实践：“坚持、自信”与“立志高远、脚踏实地”

“基因建构”的内涵：明确企业做人、做事的一般性指导原则。

A 公司的文化基因包括“坚持、自信”“立志高远、脚踏实地”。“坚持、自信”明确了员工应有的优秀品质,二者相互促进;“立志高远、脚踏实地”明确了员工应有的工作追求,二者辩证统一。

(2)路线设计

路线设计的主要作用是凝聚思想。“上士闻道,勤而行之;中士闻道,若存若亡;下士闻道,大笑之。不笑不足以为道。”(《道德经·第四十一章》)。企业应凝聚思想,做到“闻道,勤而行之”,设计相应的文化体系。

实现路线设计,主要包括以下三部分的内容:

1)文化力量解析:根据上述“文化场建构”所形成的文化场,提炼与解析文化场中的核心价值理念与行为准则等文化要素,从而形成指导企业行为的指导思想。在提炼的过程中,逐步达成企业内部人员对于企业核心文化要素的认同。企业的核心文化要素是建构文化体系的基本单元和核心组成。

A 公司实践:良心、情怀、基因和谱系

“文化力量解析”的内涵:明确文化建设体系的核心价值理念与行为准则。

A 公司结合企业家精神、文化场和优秀传统文化等，将文化力量解析为良心、情怀、基因和谱系。“良心”是企业的良知和价值观的体现，是企业的立身之本；“情怀”包含家国情怀、奉献情怀和奋斗情怀等，是企业核心价值理念的重要组成；“基因”是文化型企业生命体形态建构的根基所在；“谱系”揭示事物完整的系统构成和源流历史，是指导组织未来发展的方法论。

2）文化体系建构

解构文化型企业的核心文化元素，是开展文化体系建设的前提。文化体系建构主要围绕核心文化要素开展设计和建构。其主要目的在于建构面向核心文化要素的管理体系。

案例：“e 家园”子文化体系

“文化体系建构”的内涵：建立面向核心文化要素的管理体系。

A 公司根据文化力量解析中的“情怀”要素，以“家国情怀”为核心，建构了“e 家园”子文化体系，如图 5-4 所示。“e 家园”建设共分为建家、持家和兴家三个阶段，三个阶段彼此交替、循环往复，螺旋上升。

图 5-4 “e 家园”子文化体系

3）年谱设计

在“文化体系建构”和“愿景凝练”的基础上，以年度为周期，设计企业发展路径，开展企业落地实践。具体做法是，在上一年度企业发展现状的基础上，对下一年度面临的形势、具体做法、取得的重要成效和发展体系等进行设计，以指导企业下一年度的发展。

案例：年谱设计

“年谱设计”的内涵：对企业当前命态进行年度设计。

A 公司结合“谱系”的核心文化要素，建立了公司年谱，形成了“难舍 · 17”“启航 · 18”“崛起 · 19”“长风 · 20”“飞扬 · 21”“鼎立 · 22”的发展谱系，如图 5-5 所示。

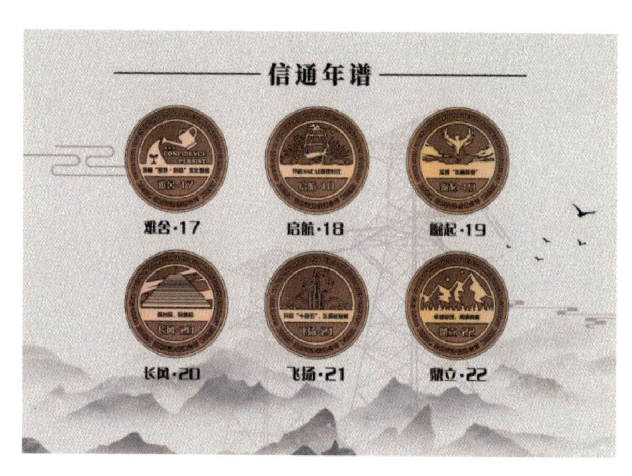

图 5-5　A 公司年谱

5.1.2　具象化实践

1. 定义

具象化实践是企业实现价值认同、行为塑造、制度建构的一种行为建构机制。

2. 作用

建构“行为层”是实现文化“理念层”实践所需要建立的规范体系。“道之以政，齐之以刑，民免而无耻；道之以德，齐之以礼，有耻且格”（《论语·为政》）。建构“行为层”的主要目的在于培育良好的集体人格和组织行为，需要建立在文化“理念层”价值认同的基础上，如同孔子所言的“有耻且格”的君子人格一样，需要依靠“道之以德，齐之以礼”的价值认同，而不是采用“道之以政，齐之以刑”的方式。

“具象化实践”的主要作用在于：

1）建构文化的“行为层”，从而实现价值认同。

2）实现对文化“从认同到行动”的建构过程，从而塑造员工的良好集体人格与组织行为。

3）弘扬企业家、榜样人物和员工的良好行为和正确价值取向，建立全过程的管理方法，以及相应的制度保障和组织架构。

3. 主要内容

实现价值认同是行为塑造和建构制度的前提和基础。缺乏价值认同的制度执行是一种被动的行为，而实现价值认同的制度执行是一种自觉而有意识的行为。实现价值认同就如同给行为和制度找到灵魂和根源。

企业往往依靠制度来解决问题，但制度往往是有漏洞或滞后性的。员工错误的行为已经发生，不能将其归咎于制度的不健全，而其根源是错误的价值观或对价值认同的缺失。因此，文化“行为层”的建构是一个逐步深入的过程，本书提出了“价值认同—行为塑造—制度建构”的建构思路。

具体包括如下三个部分：

首先，建立实现价值认同过程的管理方法与工具。价值认同的本质是个人认同、群体认同、社会认同的辩证统一。个人认同是群体认同、社会认同的基础，群体认同是个人认同的延伸和社会认同的纽带，社会认同则是个人认同和群体认同的最终归宿，三者相互关联、相辅相成，共同构成价值认同的内容形态。价值认同的生成机制既奠基于社会文化和企业的发展现状，又以个人生命经验、情感倾向与理性认知为基础，遵循主体能动性的建构机制。

其次，在价值认同的基础上，着力塑造行为，实现员工成长。员工成长与行为塑造不仅是在物质层面和职业发展的需要，更应该从精神层面出发，实现员工精神成长和正确价值观的形成。此外，行为塑造更应该是“行”出来的，“知行合一”才是行为塑造的归属。

最后，是制度建构和形成的过程。任何管理制度都是在一定的文化基础上创造的，离开文化的土壤，制度将会失效。企业建构制度背后一定要有文化的基因，使其符合企业的价值观。

以上三个部分分别总结为价值传播、显性推进和力量聚合。

（1）价值传播

价值传播的主要作用是企业实现文化行为层的价值认同。"为政以德，譬如北辰，居其所而众星共之"（《论语·为政篇》）。实现价值认同之后，如同北极星一样，其他的星辰井然有序地环绕着它。企业可通过建立有效的传播渠道，弘扬企业家、榜样人物和员工的良好行为和正确的价值取向，从而实现价值传播和认同。

具体而言，主要包括以下内容：

1）企业家精神驱动：建立企业家精神驱动的价值认同和传播渠道。"其身正，不令而行；其身不正，虽令不从"（《论语·子路》）。企业家应该重视以身示范的作用，强调企业家精神的自我践行，注重"身教"的作用，做好以身示范和以身作则。

A 公司实践："恶人"管理机制

"恶人"管理机制：在企业方向、战略、目标等标准制定的前提下，关键点在于抓驾驭、管控、执行、收获、反馈迭代。为保证实效，企业管理者必须善于做到“菩萨心肠，雷霆手段”，以强烈的责任心、无畏的勇气、果敢的担当，以“恶人”的姿态实施全过程管控。

A 公司实践：企业家精神践行

“企业家精神驱动”的内涵：以企业家自身践行驱动员工实现价值认同。

“打鸡血”三段论：我给自己“打鸡血”，我给你“打鸡血”、你给自己“打鸡血”。其内涵是企业家和员工是驱动源、赋能体，最终企业是巨大的能量体。

“两河”机制：“大河无水小河干，大河有水小河满”的目标追求。一方面，坚持大局意识，融小我于大我中，以期实现全局利益最大化；另一方面，坚持收获意识，在大局利益得到保证的同时，实现自身利益最大化。

“三住”机制：“耐得住寂寞，忍得住苦痛，坚持住傻劲”的工作品质。甘于平凡、甘于寂寞、甘于拼搏；吃得下苦、气、泪；守得住初心、赤心、恒心。

“六讲”机制：“天天讲、月月讲、年年讲、年年讲、月月讲、天天讲”的工作韧劲。针对企业发展的重要事项,坚持不懈地进行宣传、培训、引导、强化,循环往复,达到统一思想、凝聚共识、形成合力、铿锵落地。

2)榜样人物示范:建立榜样人物和员工良好行为的价值传播机制。“诚者,天之道也;思诚者,人之道也。”《孟子·离娄章句上》。诚信是自然的规律,追求诚信是做人的必备品质。员工在工作中应该重视个人价值认同、企业认同、社会认同的统一,真诚对待自己的内心,做到“正心、诚意”。“见贤思齐焉,见不贤而内自省也。”《论语·里仁》。员工还应注重从自省到自知、从自知到自律的过程。通过榜样人物和员工良好行为的示范和价值传播,旨在为员工良好的集体人格和组织行为的形成,营造出良好的环境与氛围。

A公司实践:“人才谱系”

“榜样人物示范”的内涵:以榜样人物示范,引导正确的价值观取向。

“人才谱系”:弘扬劳模精神、劳动精神和工匠精神,畅通技能人员成长路径,增强员工职业荣誉感。通过“爱岗敬业型”和“专业专家型”两种人才类型引导员工实干担当，让敬业风气在全公司蔚然成风，培养既能“仰望星空”也能“根植大地”的优秀人才，建成一支高技能人才队伍，真正实现“员工成长、企业发展、社会进步”。

3）发声体系建构：建立价值传播的发声渠道体系，形成传播力、凝聚力、推动力、感召力、创造力和影响力等。企业针对企业家精神驱动和榜样人物示范的发声渠道管理体系，向社会传播正确的价值观，履行企业的社会责任，奉献企业的力量。在此过程中，企业应该树立正确的宣传观念，建立个人沟通渠道机制，建立不同形式的成果展示机制等。

A公司实践：“抢占高地”机制

“抢占高地”机制：洞察先机，把握时机，掌控战机。把具有前瞻性和方向性的工作，分阶段及时对内对外进行卡位和发布，力争实现在相关领域的突破和引领。

A公司实践：发声体系建构实践

“发声体系建构”的内涵：传播企业核心价值观、核心竞争力和核心影响力等。

“抓机会、发声音”机制：在取得工作成果后，善于利用相关资源和渠道，审时度势，于最佳时间和地点展示工作成效，提升影响力。

“一路大礼花”机制：针对规划目标，谋划出固定节点的不同关键任务成果予以显性发布，对内鼓舞士气、对外展示形象。

“年终盘点会”机制：针对企业一年的历程和工作情况，进行年终复盘，总结经验、吸取教训，分享成果、激发斗志，进而谋划下一年度的工作方向、运营目标与执行措施。

“成果展示会”机制：与年终盘点会对应，以丰富多彩的展现形式，对企业一年的工作成果予以展示，收获精神激励和价值认同。

全覆盖“心灵之声”机制：通过“e家园”平台收集每位员工的反馈建议、诉求和个人的体会等。

网格化宣传机制：弘扬正能量，唱响主旋律，营造氛围，选树典型，建立全方位、多渠道、多载体的网格化宣传体系。

“两漫”机制：指“漫话廉政”和“漫话群工”。把廉政建设和群团工作的意义、理念、目标、做法和成效，用漫画形式鲜活、形象地予以展示，从而达到最好的宣传、引导和教育功效。

（2）显性推进

显性推进的主要作用是企业实现文化行为层的行为塑造。“知行合一”，知是基础、也是前提；行是重点、也是关键；必须以知促行、以行促知，做到知行合一。显性推进是从推进的全过程出发，包含目标管理、过程管控和成效管控，旨在从全过程出发以塑造和养成员工良好的集体人格和组织行为。

具体而言，包括以下内容：

1）目标具象机制：要建立目标管理具象化的管理方法。具体而言，企业要制订清晰的目标，并对实现目标的质量提出具体的要求，明确做事的标准、原则和态度等。

案例：“谋篇下笔”十二则

“谋篇下笔”十二则：是针对规划、战略、标准、论著、论文、典型经验、报告、总结、新闻等各类工作运筹的一般性原则。

第一则:把握方向,不偏不倚。

第二则:明确站位,换位思考。

第三则:先见“森林”,再见“树木”。

第四则:结构清晰,逻辑自洽。

第五则:开门见山,直接点题。

第六则:用词精准,概念固化。

第七则:简单粗暴,白描写实。

第八则:巧用分号,拒绝“一逗到底”。

第九则:用数字说话,用图表展示。

第十则:两个设问,“信吗”“服吗”。

第十一则:文字是文字,文字亦不是文字。

第十二则:追求美感。

“谋篇下笔”十二则的详细内容,详见本书“附录A”。

案例:“1.1工作法”机制

“1.1工作法”机制:为避免工作目标层层衰减,逐级设定大于1的工作标准,保证执行到位。

很多人会认为,把工作完成到0.9就是优秀,但是当工作被传递5次以后，其结果就衰减为$0.9^5=0.59049$，已经小于0.6，为不合格。如何解决这一问题呢？为避免衰减，要求工作目标的达成率不低于1，即“1.1工作法”，才能实现目标增益，逐步走向卓越。

A公司实践：目标具象实践

“目标具象机制”的内涵：培育和塑造员工具备目标管理的良好品质与组织行为。

“跳出地球看地球”：看到方向、看到全局、看到长远，谋划企业发展。

“不让下属瞎干活”：企业管理者只有明确具体的方向、目标和举措，员工执行后才能达到预期成效，以此作为员工和企业发展的激励动能。

2）过程具象机制：过程具象要建立实施过程的具象化管控的管理方法。具体而言，企业应注重对过程中做事的态度和具体流程的具象化管控。

A 公司实践：过程具象实践

“过程具象机制”的内涵：培育和塑造员工具备过程管控的良好品质与组织行为。

“死盯盯死”机制：紧盯目标不放松，紧盯过程不放松，紧盯细节不放松，紧盯成效不放松，保持一抓到底的狠劲头和常抓不懈的韧劲头。

“三严”机制：态度要严肃、标准要严格、作风要严谨。

“力戒读秒工作”机制：把握任务节点，平衡分配时间等各类资源以实现任务的预期目标，力图避免“最后一秒落子”式应付差事。

“力戒狗熊掰棒子”机制：注重收获成果，形成工作积淀，培育管理底蕴，力图避免“掰一个，丢一个”式无效工作。

“说到做到，做必做好”机制。

“三边”机制：在工作谋划、推动和完成的全过程中，做好系统性、时效性、目的性的统一协调。通俗来讲，将总体目标分解成若干阶段性目标，通过过程管控，以实际成效推动总体目标任务的顺利完成，实现“边播种、边培育、边收获”的工作状态。

3）成效具象机制：成效具象是建立面向成效的具象化管控方法。具体而言，企业要做好成效预期的管控，并注重成效的总结工作。

A 公司实践：成效具象实践

“成效具象机制”的内涵：培育和塑造员工具备成效管控的良好品质与组织行为。

“三牛”机制：首先干出实实在在的工作业绩，然后做好总结提炼和成果展示，最后收获最大化成效，提升企业形象和竞争力，即“有牛可吹、好好吹牛、吹出好牛”。

“干货成果集”：着重培养基于成果的即时激励意识，注重关键成果敏锐收集，培育员工的成果管理能力，建立一种抓重点、重点抓的成果集群管理模式。

（3）力量聚合

力量聚合的主要作用是企业实现文化行为层的制度建构。“礼之用，和为贵。先王之道，斯为美。小大由之，有所不行，知和而和，不以礼节之，亦不可行也”（《论语·学而篇》）。与“礼”类似，制度建构的目的是强调以“和”为贵，即通过制度塑造员工良好的集体人格和组织行为。力量聚合是在“价值认同”和“行为塑造”的基础上建立企业的制度保障机制、组织保障机制和资源协同机制，以便开展具体的管理实践。

具体而言，包括以下内容：

1）制度保障机制：要在"价值认同"和"行为塑造"的基础上建构相应的管理制度。建构制度必须要符合企业所形成的核心价值观和核心思想，以及符合员工所塑造的良好集体人格和组织行为的要求。为此，A公司建立了"V3.0管理体系""e家园"文化体系等管理机制，用制度固化核心价值观和良好的行为习惯。

2）组织保障机制：在上述制度建构的基础上，企业还应该建立组织保障。"故为政在人，取人以身，修身以道，修道以仁"（《中庸·第二十章》）。施行善政要得贤臣，得贤臣必须先修正自身，修正自身必须加强自身的道德品质锤炼，加强道德品质锤炼必须以仁为首。同样的道理，制度的落实需要依靠组织中的人来实施，在组织保障中应该注重以人为中心。在组织保障中，企业需要明确自身的使命和责任、建立组织评价、能力培养、监察与激励等方法。

A公司实践：组织保障机制实践

"组织保障机制"的内涵：以组织的力量推动企业价值观落地和良好组织行为的形成。

“五个委员会”机制：以企业发展需要为出发点，从战略全局的角度，成立常态化管理机构，辅助企业的经营决策和运营管理。常态化管理机构包括发展决策委员会、专业规划委员会、科技创新委员会、标准化委员会、资产管理委员会。

“特战队”机制：针对急难险重等攻坚任务，对内跨部门、跨专业，对外整合资源，组建联合作战团队，从而保证项目任务的高效完成，并形成常态化、机制化。比如，“文化型企业”特战队、“卓越绩效管理”特战队等。

3）资源协同机制：如前所述，文化是其他要素的“催化剂”和“黏合剂”。为发挥文化要素对于其他资源要素的协同、融合和促进等作用，企业应建立相应的资源协同机制，从而实现不同要素之间的有效配置，以及资源协同和力量聚合。

A 公司实践：资源协同机制实践

“资源协同机制”的内涵：通过文化来协同不同资源，实现企业内外部的资源协同与力量聚合。

“主题实践活动”机制：一年一度开展“大学习、大讨论、大调研、大实践、大收获”专项活动，宣贯形势任务，传播价值理念，收集一线信息，解决现实问题，凝聚思想共识。

“筑巢引凤聚能”机制：打造“产学研用”企业生态圈、建立专业人才培训基地、运营省部级重点实验室，实现“走出去，引进来”、资源共享、合作共赢的力量聚合模式。

5.1.3 精神态升华

1. 定义

精神态升华是企业以文化滋养心灵、构筑精神支柱、形成文化力量的一种意识建构机制。

2. 作用

建构文化“视觉层”是对“理念层”和“行为层”的进一步深化、提升与创新。“苟日新，日日新，又日新”（《礼记·大学》）。“视觉层”是对文化的传承与创新。只有不断地创新，文化的先进性和生命力才能得以保持。

“精神态升华”的主要作用在于：

1）建构文化的“视觉层”，激活优秀文化的生命力，以优秀文化滋养员工的心灵。

2）实现对文化“从行动到升华”的建构过程，构筑精神支柱，为实现员工成长、企业发展和社会进步提供精神指引。

3）通过不断积累和提升，实现员工心灵层面和精神层面的提升、实现优秀文化的传承与创新、以及个人和企业的文化底蕴的积累，从而形成文化的力量，为文化型企业建设之路不断持续赋能。

3. 主要内容

文化的“视觉层”不仅包括视觉上能感受到文化的美感，还包括心灵上和精神上增加的对于文化的认同。目前，部分企业往往将文化的“视觉层”仅仅停留在物质层面的建构，如吉祥物、标语、办公环境等，缺乏对心灵层面、精神层面和文化底蕴层面的建构。

精神态升华对于文化“视觉层”的建构，主要包括如下内容：

首先，企业需要以优秀文化的土壤不断滋养员工的心灵。通过文化浸润心灵，让正确的价值观根植于员工的内心。员工应从优秀文化中体味人生和感悟生命，从经典名著中汲取精华，从圣贤哲理中感悟真理，不断塑造自身的情怀和良知、提升从容与美感。

其次，在心灵滋养的基础上，企业应逐步构筑精神支柱。精神支柱是企业产生凝聚力的重要支撑，是企业综合能力的重要组成部分。企业的精神支柱建构是在企业管理实践中逐步形成的。构筑精神支柱需要在树立共同的理想信念、弘扬爱国主义、加强作风建设和发扬艰苦奋斗等多个方面共同发挥作用。

最后，企业要不断积累文化底蕴，形成文化的力量。文化底蕴是个人或群体精神成就的广度和深度。对于企业而言，文化底蕴是实现"员工成长、企业发展、社会进步"的动力源泉，是文化型企业发展的力量之源。

以上内容分别总结为心灵滋养、精神引领和底蕴积淀。

(1) 心灵滋养

心灵滋养的主要作用是企业以优秀文化浸润员工心灵，关爱员工的成长。具体而言，包括以下内容：

1) 员工成长关爱：爱是心灵滋养的真谛和前提。企业要用爱浸润员工的心灵，用尊重之爱让员工学会平等待人，用鼓励之爱激发员工的潜能，用宽容之爱感化员工的心灵。通过不同形式的关爱机制，企业可与员工进行心灵沟通，关爱员工的精神世界。

案例：员工成长关爱体系

“员工成长关爱”的内涵：通过爱滋养员工的精神世界，建立企业与员工的心灵契约。

员工成长关爱体系：包括成长成才关爱机制、兴趣特长关爱机制、关键时点关爱机制、身心健康关爱机制、岗位廉政关爱机制和心声诉求关爱机制。

2）优秀文化浸润：中华优秀传统文化源远流长，至今仍充满蓬勃的生命力，时刻影响着个人成长、企业发展和社会进步的方方面面。有良心、有情怀的企业要努力还原文化的力量，不断用优秀传统文化滋养员工的精神世界；传承传统文化“形式美”、弘扬传统文化“内涵美”；激活企业的文化基因，在优秀传统文化的长期浸润中健康发展。

（2）精神引领

精神引领的主要作用是为企业构筑精神支柱。“身之主宰便是心，心之所发便是意，意之本体便是知，意之所在便是物”（王阳明，《传习录》）。正如王阳明所述，我们需要从自我内心中不断汲取力量，即自我精神支柱的形成与建构。精神引领通过文化符号、家国情怀、作风建设和奋斗精神等不同精神层面开展精神支柱的建构。

具体而言，包括以下内容：

1）文化符号凝练：企业的文化符号是企业群体历经长期发展而形成的具有鲜明文化特征的赋能载体，同时也是代表思维方式、信念和审美等的精神图腾。文化符号能够超越事物本身的形式，代表某种意义的精神价值。它是文化深层次的凝练标记，能促进心灵相通、凝心聚力。文化符号具有象征作用、凝聚作用和传播作用。文化符号是凝练了企业群体的信念、精神、价值观和优秀品质等的代表性标记。

案例：“新生”与“毕业生”

“文化符号凝练”的内涵：通过文化符号凝练企业的核心信念、精神、价值观和优秀品质等。

“新生”：把新员工入职定义成入学企业，颁发入学通知书，举办新生入学仪式，建立起企业与“新生”之间的心灵纽带。欢迎新鲜血液的注入、培育“新生”对企业的归属感、增强企业的感召力。

“毕业生”：把员工退休定义成从企业毕业，颁发毕业证，举办毕业典礼。感恩员工对企业的奉献、激发企业的凝聚力、传承企业的价值追求。

2）家国情怀涵养：家国情怀是中华优秀传统文化的基本

内涵之一。“天下之本在国，国之本在家，家之本在身”（《孟子·离娄上·第五章》）。不断涵养企业和个人的家国情怀是企业社会责任的重要体现。“知责任者，大丈夫之始也；行责任者，大丈夫之终也”（梁启超，《呵旁观者文》）。企业和个人应该主动承担社会责任，为企业发展和社会进步贡献力量。

A公司实践：家国情怀涵养实践

“家国情怀涵养”的内涵：塑造和培养员工的家国情怀，履行企业的社会责任。

“四个非常”机制：面对特殊时期的重大挑战，勇于担当、甘于奉献、敢打必胜，切实做到“于非常之时、聚非常之人、行非常之事、收非常之果”。

“战疫情·登高台”：面对新冠疫情的巨大不确定性，以舍我其谁的胆识和勇气，逆向而行，在保证正常工作秩序的基础上，将公司多个方面的工作推上新的台阶。

“天作支合·e家园”：融入国家脱贫攻坚的伟大历程，全员自觉投入扶贫帮助事业，实现“群众获帮助，员工受教育”，涵养企业和员工的政治品质、责任担当、家国情怀。

3）作风建设管理：作风建设助推企业健康发展，塑造精神支柱。“好学近乎知，力行近乎仁，知耻近乎勇”（《中庸·

第二十章》）。正如儒家所言，只有坚持学习，不断进取，才能获得学识与智慧；在任何困难面前，我们都应努力奋斗，如此才有仁者的风范。作风建设影响着企业的形象和职工的切身利益，体现着企业和员工的精神面貌和文化底蕴。

案例：作风建设实践

“作风建设管理”的内涵：建构良好工作作风的精神支柱与组织行为。

“信与服”两设问：就是真干、干好。对所做之事要建立“信”与“服”的两设问意识。“信”就是真实、合理、系统；“服”就是可行、深刻、高远。

“刀刃向己”：是敢于自我剖析、自我反省、自我革命，严于律己，宽以待人。制定刀刃向己清单，直面问题，接受监督，不断改进。

规矩纪律“十一条”：晒出清单，接受监督，逐条践行，规范行为等。

“不落窠臼”：勇于担当，敢为人先；创新突破，实现引领；切勿拾人牙慧。

“22点开会”：统一思想、凝聚共识，树立时刻投入战斗的意识；时不我待，当日事当日毕；拧成一股绳，同甘共苦。

4）奋斗精神磨砺：发扬艰苦奋斗精神，构筑企业精神支柱。奋斗精神根植于优秀中华文化。“天行健，君子以自强不息”（《周易》）。自强不息的精神表现了勇于进取、勇于开拓、勇于向自己的惰性宣战的无畏气概。在企业发展层面上，它则体现为革故鼎新的改革精神。无论是企业还是个人，奋斗精神都是一种宝贵的精神财富。

A公司实践：“屡战屡败，屡败屡战”

“奋斗精神磨砺”的内涵：建构奋斗精神的精神支柱与企业责任。

“屡战屡败，屡败屡战”：充分认识事物的发展规律，面对困难与曲折，从哪里跌倒就从哪里爬起，坚定信念，要有享受失败的从容与坚持，不达目的不罢休。

“危机攻关”：直面挫折挑战，及时化解危机；吸取教训，亡羊补牢；放下包袱再出发，力争坏事也能引出好开端。

（3）底蕴积淀

底蕴积淀的主要作用是助力企业积累文化底蕴，形成文化力量。建设文化型企业需要企业不断积累文化底蕴，如此才能在历史发展长河中经久不衰。企业的文化底蕴是企业持续发展的重要根基，是文化力量之源泉。文化力量形成的关键在于做好优秀文化的传承与发展，需要企业从自身发展历程、优秀文化、管理实践中不断积累文化底蕴。

具体而言，包括以下内容：

1）文化味道凝结：做好企业优秀文化的传承。只有在文化传承中，文化成果才能积累，后人才能在前人的文化实践结果上开始新的征程。文化传承是文化创新的开始，善于继承才能善于创新。

案例："文化印象"

"文化味道凝结"的内涵：挥发企业的优秀文化气息。

"文化印象"：以传承的角度，固化优秀的文化要素，形成管理方式。

例如，"153号的风采"讲述了公司从无到有、从有到优、从平凡到卓越、从奋然崛起到乘风飞扬再到岿然鼎立的蜕变过程；并将"信仰、情怀、良心、基因"等核心要素展现和传承。

2）文化模式迭代：做好企业优秀文化的创新。传承与创新是文化前行的两个轮子，二者缺一不可。文化创新是人类社会发展实践的内在要求，是人类文化发展的实质。文化传承一定要以文化创新为目的。传承文化传统的过程也是为文化创新确定方向与目标的过程。企业应不断开展文化模式的迭代，从文化型企业初级阶段逐步向文化型企业中级阶段和高级阶段开展迭代和创新。

5.1.4　核心案例逻辑图

前文对 A 公司核心案例之间的逻辑关系进行阐述，各核心案例之间的逻辑如图 5-6 所示。

1）树立企业的信念：从社会文化场、内部文化场和基因三个层面建构信念，分别对应三个核心案例：“文化强国战略”到“文化型企业”的外部场洞察、“员工有情怀、集体有追求、企业有力量”与“员工成长、企业发展、社会进步”的愿景凝练和“坚持、自信”与“立志高远、脚踏实地”的基因建构。

2）凝聚思想和设计路线：包括文化力量解析、文化体系建构和年谱设计三个方面，分别对应三个核心案例：良心、情怀、基因、谱系的文化力量解析，以及“e 家园”子文化体系和年谱设计。

3）实现价值认同：包括企业家精神驱动、榜样人物示范和发声体系建构三个方面，分别对应四个核心案例：以“恶人”管理为代表的企业家精神驱动、以“人才谱系”为代表

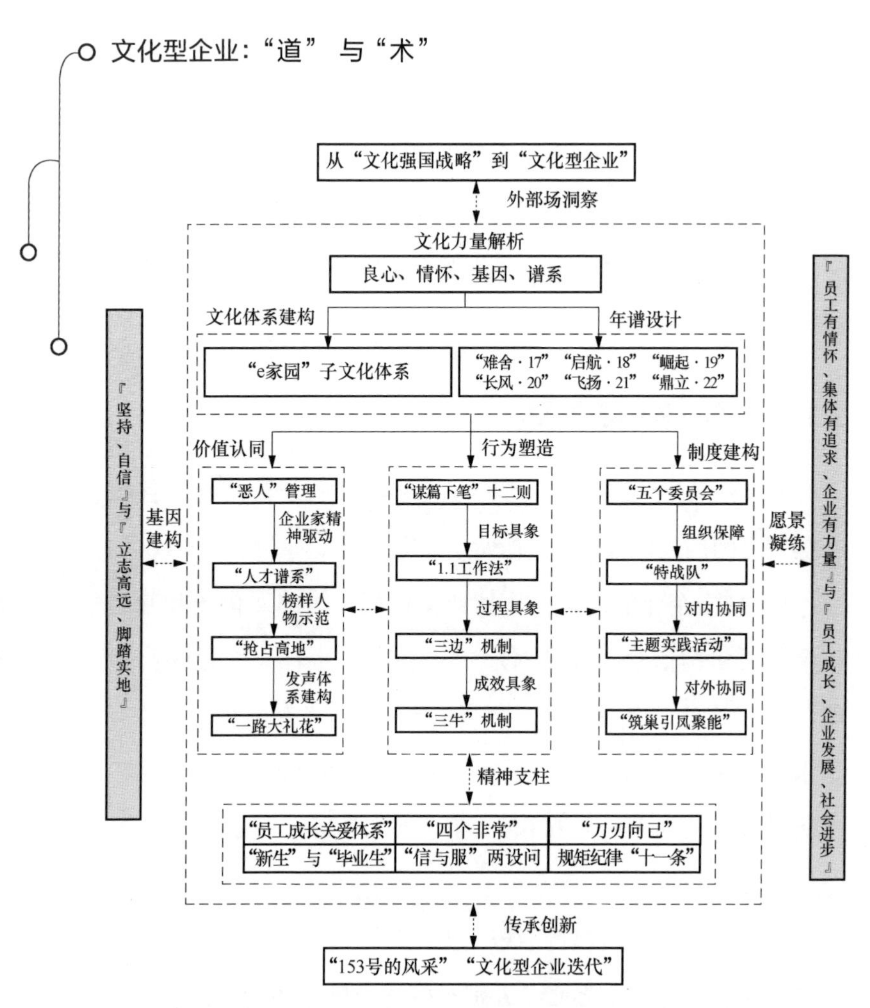

图 5-6　A 公司“TRS”文化机制实践的核心案例逻辑图

的榜样人物示范、以“抢占高地”和“一路大礼花”为代表的发声体系建构。

4）实现行为塑造：包括目标具象、过程具象和成效具象三个层面，对应四个核心案例：以“谋篇下笔”十二则和

“1.1 工作法”为代表的目标具象、以“三边”机制为代表的过程具象、以“三牛”机制为代表的成效具象。

5）实现制度建构：包括制度保障、组织保障和资源协同三个方面，对应四个核心案例：以“五个委员会”和“特战队”为代表的组织保障、以“主题实践活动”和“筑巢引凤聚能”为代表的资源协同。

6）建构精神支柱：包括员工成长关爱、优秀文化浸润、文化符号凝练、家国情怀涵养、作风建设管理和奋斗精神磨砺等不同方面，对应六个核心案例：员工成长关爱体系、“新生”与“毕业生”、以“四个非常”机制为代表的家国情怀涵养，以及以“信与服”两设问、“刀刃向己”和规矩纪律“十一条”为代表的作风建设管理。

7）形成文化力量：包括文化味道凝结和文化模式迭代。A 公司通过文化传承与创新，形成文化积淀和文化力量，形成以“153 号的风采”为代表的文化味道凝结与以“文化型企业迭代”为代表的文化模式迭代。

5.2　管理合之于文化

前文已经对“和合”管理中“文化和之于管理”的企业

实践进行了详细阐述，本节将对"和合"管理中"管理合之于文化"的企业实践进行阐述。如本书第3章所述，"管理合之于文化"是在管理中聚合和符合文化，达到彼此融合的状态，出发点是"管理"，着力点是"文化"，落地点是"文化与管理"的融合体。那么，A公司具体是如何去建构实践呢？

A公司将计划、组织、控制、协调、领导五大管理职能及相关经典管理理论与优秀文化的思想相融合，提出"管理合之于文化"的五个管理机制。与五大管理职能对应的分别是：系统性思维（Systematic Thinking）、体系化建构（Systematic Construction）、过程性管控（Coursing Control）、协同式推进（Assisted Propulsion）和激励性引领（Incentive Leading），简称"SSCAI"管理机制。

1. "SSCAI"管理机制的整体逻辑

"SSCAI"管理机制整体逻辑清晰，其五个方面遵循法约尔五大管理职能的内部逻辑，即"计划—组织—控制—协调—领导"的逻辑，如图5-7所示。其中，系统性思维对应计划，属于决策层面；体系化建构、过程性管控和协同式推进分别对应组织、控制和协调，属于执行层面；激励性引领对应领导，属于反馈层面。

2. "SSCAI"管理机制的内部逻辑

"SSCAI"管理机制实践的内部逻辑如图5-8所示。

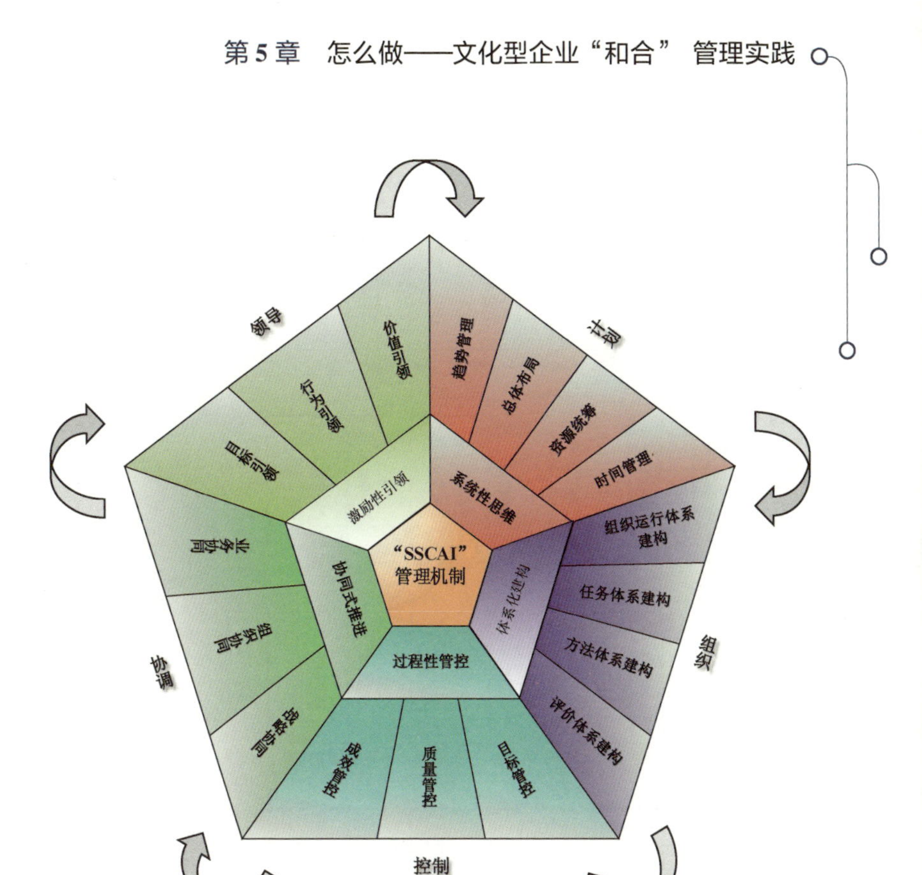

图5-7 “SSCAI”管理机制实践的整体逻辑图

(1) 系统性思维的内部逻辑

如图5-8所示，系统性思维对应管理的计划职能，其内在作用在于制定战略规划与行动计划。首先进行趋势管理，做好内外部环境分析。其次根据内外部环境进行总体规划布局。同时进行资源统筹，确保资源利用效率最大化。最后做好时间管

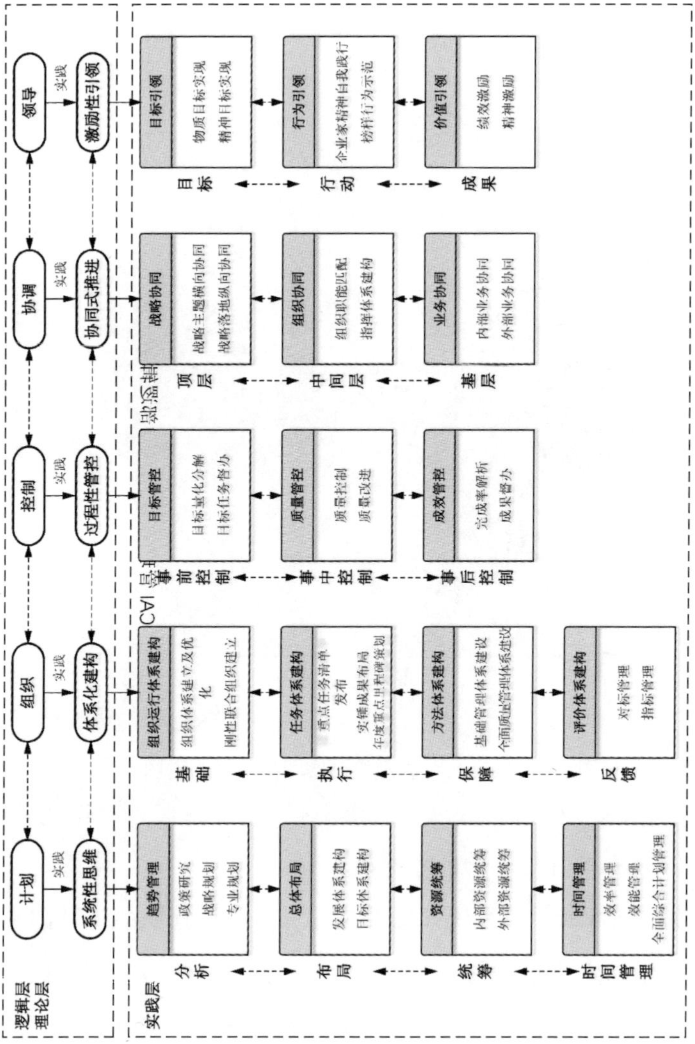

逻辑层
理论层

计划 —实践→ 系统性思维
组织 —实践→ 体系化建构
控制 —实践→ 过程性管控
协调 —实践→ 协同式推进
领导 —实践→ 激励性引领

实践层

分析：趋势管理（政策研究、战略规划、专业规划）
布局：总体布局（发展体系建构、目标体系建构）
统筹：资源统筹（内部资源统筹、外部资源统筹）
时间管理：时间管理（效率管理、效能管理、全面综合计划管理）

基础：组织运行体系建构（组织体系建立及优化、刚性联合组织建立）
执行：任务体系建构（重点任务清单发布、实锤成果布局、年度重点里程碑策划）
保障：方法体系建构（基础管理体系建设、全面质量管理体系建设）
反馈：评价体系建构（对标管理、指标管理）

事前控制：目标管控（目标量化分解、目标任务督办）
事中控制：质量管控（质量控制、质量改进）
事后控制：成效管控（完成率解析、成果督办）

顶层：战略协同（战略主题横向协同、战略落地纵向协同）
中间层：组织协同（组织职能匹配、指挥体系建构）
基层：业务协同（内部业务协同、外部业务协同）

目标：目标引领（物质目标实现、精神目标实现）
行动：行为引领（企业家精神自我践行、榜样行为示范）
成果：价值引领（绩效激励、精神激励）

图 5-8 "SSCAI" 管理机制实践的内部逻辑详解图

理，保证行动任务能够如期完成。基于这一逻辑，系统性思维可解构为趋势管理、总体布局、资源统筹和时间管理。

（2）体系化建构的内部逻辑

如图 5-8 所示，体系化建构对应管理的组织职能，其内在作用在于为企业统筹经营所必需的管理资源和生产资源，保障企业持续健康发展。进行体系化建构的基础是组织运行体系建构。有了基础保障，可以进一步进行任务体系建构、方法体系建构和评价体系建构，保证任务执行和成效评估。基于这一逻辑，体系化建构可分解为组织运行体系建构、任务体系建构、方法体系建构和评价体系建构。

（3）过程性管控的内部逻辑

如图 5-8 所示，过程性管控对应管理的控制职能，其内在作用在于对组织行为过程进行监督、检查和及时调整。过程控制可以分为事前控制、事中控制和事后控制。基于这一逻辑，过程性管控可解构为目标管控、质量管控和成效管控，分别对应事前控制、事中控制和事后控制。

（4）协同式推进的内部逻辑

如图 5-8 所示，协同式推进对应管理的协调职能，其内在作用在于协调各方资源，使企业经营能够高效进行。协同式推进涉及内外部协同、横纵向协同等。本书按照协同层次由高到低的逻辑，将协同式推进解构为战略协同、组织协同和业务协同，并针对每个层次分别从内外部协同方面进行展开。

（5）激励性引领的内部逻辑

如图 5-8 所示，激励性引领对应管理的领导职能，其内在作用在于通过指挥协调和价值激励等方式使企业所有员工做出最大的贡献，实现企业利益最大化。按照"设立目标—做出行动—收获成果"的逻辑，激励性引领可解构为目标引领、行为引领和价值引领三个方面。

5.2.1 系统性思维

1. 定义

系统性思维是指为实现组织的目标，制定和执行决策，对组织内的各种资源实施配置和规划的一种管理机制。

通俗来说，系统性思维就是一种从整体和全局上把握问题的思维方式，是一种看透事物相关结构之间的关系的智慧。

2. 作用

人的底层思维方式有四种：发散性思维、水平性思维、收敛性思维、系统性思维。不同于前三种，系统性思维具有整体性、立体性、结构性和动态性等特点，是人类所掌握的最高级的思维方式。系统性思维的核心是整体地、关联地和动态地看问题。系统性思维的作用包括如下三个方面：

1）培养全局意识。事物之间相互作用，不断发展，一旦形成边界清晰的系统，就会以一种精密的方式运行。系统性思维是整体的思维方式，要求人们不能只看眼前，而要从不同角度、多个方面形成系统性。

2）透过现象，看破本质。事物之间不是孤立存在的，是联动的、互通的，只有看透系统内部的运作规律、发展方向，掌握事物的本质，才能让我们对事物洞若观火，成为掌控全局的高手。

3）洞察先机，优先布局。系统内部要素之间的关联性不是恒久不变的，而是呈现一种动态发展的规律，这种发展会有一定的延迟性，蝴蝶效应就是最好的例证。人们通过系统性思维可以洞察事态先机，及早进行整体布局。

3. 主要内容

系统性思维具有整体性、结构性、立体性、动态性、综合性等特点。系统性思维的实践方法包括整体法、结构法、要素法和功能法。整体法是在分析和处理问题的过程中，始终从整体来考虑，把整体放在第一位，而不是让任何一部分的内容凌驾于整体之上。结构法是指进行系统性思维时，注意系统内部结构的合理性。要素法是指要使整个系统正常运转并发挥最好的作用或处于最佳状态，必须对各要素考察周全和充分，充分发挥各要素的作用。功能法是指为了使一个系统呈现出最佳态势，要从大局出发来调整或改变系统内部各部分的功能与作用。

A公司考虑到系统性思维具有的整体性、动态性、综合性等特点，采用系统性思维的实践方法，按照图5-7中的逻辑，结合自身实践，将系统性思维分解为趋势管理、总体布局、资源统筹和时间管理。

（1）趋势管理

趋势管理是指企业确定其使命，进行内外部形势分析，并根据组织外部环境和内部条件设定企业的战略目标，为保证目标的正确落实而进行谋划的动态管理过程。

"虽有智慧，不如乘势。"对于企业管理而言，重要的是现状所预示的趋势而不是现状本身。控制变化的趋势比仅仅改善现状更加重要，当然也更困难。趋势通常是多种复杂因素综合作用的结果，趋势的形成需要一段长时间的积累，并对管理工作的成效起着长期制约作用。趋势往往被现象所掩盖，它不易被发现也不易被控制。

首先，为做好趋势管理，A公司从趋势分析着手，对公司内外部形势进行分析，以便更好地顺势而为。A公司将趋势分析的落地实践工具定为政策研究，具体实践案例如专门成立发展决策委员会，确立一系列议事规则。

其次，A公司在趋势分析的基础上，进一步进行乘势而为的规划。A公司将规划的落地实践工具定为战略规划和专业规划。战略规划实践案例包括制定企业级五年规划等，专业规划实践案例包括专业级三年规划、专业战略体系等。

案例：数字化信通先锋

数字化信通先锋实践案例的实质：承接国家和母公司战略落地的公司级专业战略体系。

A 公司为全面深入落实国家层面和母公司层面的战略，创新性地提出“12410”数字化信通先锋。具体而言，A 公司锚定国家和母公司发展战略，明确“打造数字化信通先锋”1 个定位，紧密围绕“信息支撑体系”与“价值创造体系”2 条主线，聚焦运安管控、基础支撑、数据运营和创新驱动 4 个关键能力提升，着力推动 10 项工程建设，按照三年三步走的总体部署，持续开展数字化信通先锋的建设工作。

（2）总体布局

总体布局是企业管理层为实现企业总体目标，选择制定能够指导企业各项经营事业长远发展的总体性谋划与方略。

“不谋万世者，不足谋一时；不谋全局者，不足谋一域。”一般而言，企业可以从自身的经营态势、经营规模、经营事业、经营目标等方面设计企业的总体战略布局。据此，A 公司结合自身实际，将总体布局展开为两个方面的落地实践工具：发展体系建构和目标体系建构。

首先，A公司针对总体布局的目标要求，持续不断地追求卓越运营，进行发展体系建构。A公司已成功建构三大体系，分别是企业核心战略体系、质量管理体系和卓越管理体系。其中，企业核心战略体系包含高质量发展体系、创新发展体系和系统发展体系，即“三个发展”体系。

在发展体系建构的基础上，A公司进一步建构目标体系，保证目标明确。A公司遵循“三个发展”体系的子内容框架，依照SMART原则［Specific（具体的），Measurable（可衡量的），Attainable（可实现的），Relevant（相关的），Time-based（有时限的）］，制订目标计划。A公司具体实施的案例包括卓越绩效管理体系、安全生产双零管控等。

案例：卓越管理体系

卓越管理体系实践案例的实质：卓越绩效管理在A公司的成功实践范例。

A公司为助推母公司战略目标落地，打造管理品牌，促进公司高质量发展，全面开启卓越绩效管理工作，系统搭建了卓越管理体系。A公司经历五个多月的集中攻坚，初步完成卓越管理体系的建构并进行公开发布。主要成果包括：明确了公司的发展方向；建构了公司战略管理体系；理清了五大服务领域和十项主要产品和服务；理清了公司信息资源和知识资源的种类、内容；梳理出公司经营全过程（五大价值创造过程和三大支持过程）。

A公司实践：本质安全

本质安全实践案例的实质：助力企业实现安全生产目标的主要抓手。

本质安全主要落脚于人因、设备、环境、管理四大要素。A公司根据自身实际安全生产情况，创新性地提出以安全文化建设为核心实现人因本质安全，以隐患排查为根本实现设备固有安全，以作业现场管控为基础实现作业环境安全，以完善各类安全规章制度为根基实现管理能力提升的本质安全体系。最终，A公司实现全员安全意识、风险意识、责任意识真正内化于心、外化于行，人员准入严格，作业现场监督力度不断压实，隐患排查治理科学有效，信息、通信、网络安全有效保障，各类生产制度周密完善，制定出科学有效的安全生产管理体系。

(3) 资源统筹

资源统筹是指汇总全部资源并进行优化分配，实现资源利用的最大化。这里的资源不仅来自企业内部，还包括企业外部一切可以帮助企业高效发展的所有资源。企业的资源可以分为内部资源和外部资源。企业的内部资源可分为人力资源、财力资源、物力资源、信息资源、技术资源、管理资源和内部环境资源等。而企业的外部资源可分为行业资源、产业资源、市场资源和外部环境资源等。据此，A 公司将资源统筹的落地实践工具定为内部资源统筹和外部资源统筹。

内部资源统筹就是通过组织和协调，把企业内部彼此相关但却彼此分离的职能，整合成一个统一的管理系统，进行整体调配、统筹规划。内部资源统筹主要是统筹人、财、物，高效地实现企业目标。例如，在人力资源方面，A 公司创新性建构"两工程"人才培养体系；搭建企业重点实验室平台、行业培训基地。在物力资源方面，A 公司推出财务全要素管理体系，能够有效地对财力资源进行统筹规划。在财力资源方面，A 公司建构了物资全生命周期管理体系等。

案例：员工成长成才工程

员工成长成才工程实践案例的实质：A 公司特别重视员工成长成才，将其作为人力资源统筹的重要方面。

A公司始终重视人才队伍建设，将促进员工成长成才作为一项重要工作，多措并举：实施“人才孵化”和“自主运维能力建设”两工程人才培养体系；搭建市级企业重点实验室并建立行业培训基地运营体系。A公司通过员工成长成才工程，助力公司人才队伍建设驶入快车道。

外部资源统筹就是对企业外部既参与共同的使命又拥有独立经济利益的合作伙伴（如上级单位、其他企业和科研院所等）进行统筹，并整合成一个大系统，取得“1+N”的效果。任何一个企业的资源就算再多也不是无限的，企业不仅应统筹内部资源，还要充分利用外部资源，使社会资源能更多更好地为本企业的发展服务，弥补自身资源和能力的不足，实现内外资源的优势相长。例如，A公司推出“红榜厂商”机制；建构实验室、行业培训基地；打造“产学研用”生态圈，充分挖掘和利用外部资源。

案例：“产学研用”生态圈

“产学研用”生态圈实践案例的实质：A公司进行外部资源统筹的经典做法，涉及产业、高校、科研单位和工程应用几个方面的系统合作。

A 公司以建设"产学研用"生态圈为目标，广泛联合"产学研用"外部单位，通过打造企业重点实验室、行业培训基地等合作平台，建立产业合作备忘机制，形成产业技术创新联盟，有力促进系统内产业技术的发展。

案例："红榜厂商"机制

"红榜厂商"机制实践案例的实质：A 公司进行外部资源统筹的典型做法之一，实现了内外部资源优势互补。

A 公司为做好外部资源统筹工作，尤其是统筹供应商资源，秉承"实事求是、及时规范、合作共赢、持续改进"的原则，每月开展供应商服务质量评价，引入厂商评价红黑榜机制，评价成绩排名前五的厂商列入红榜，予以表扬。A 公司通过这种方式充分挖掘了供应商的潜力和资源，取得了良好成效。

（4）时间管理

时间管理是指通过事先规划和运用相应的理念、方法与工具实现对时间的灵活及有效运用，从而实现个人或组织既定目标的过程。

目前，主流的时间管理方法是 GTD 时间管理。GTD 是 Getting Things Done 的缩写，来自于大卫·阿伦的一本畅销书 *Getting Things Done*。GTD 的具体做法可以分成收集、整理、组织、回顾与行动五个步骤。A 公司结合 GTD 时间管理方法开发出独具特色的时间管理实践工具，包括效率管理、效能管理和全面综合计划管理。具体实践案例较多，如时间节点刚性管控机制、“轻、重、缓、急”四象限管理和综合计划 X.0 管理等。

5.2.2　体系化建构

1. 定义

体系化建构是指企业为实现组织的目标，执行组织的决策，对组织内各种资源进行体系化、制度化统筹的一种管理机制。

2. 作用

体系化建构的核心思想对应于管理的组织职能。《周易》中有“天地交而万物通也，上下交而其志同也”的论断，意指实现组织目标要通过管理者和组织成员的上下沟通。

体系化建构的主要作用在于：

1）建构组织运行体系，保证战略目标的有效落地。体系化建构承接了系统性思维，通过建构组织运行体系，保证通过系统性思维制定的目标等能够切实、有效地落地实现。

2）统筹协调各项运营任务。依据既定计划，统筹规划各项任务，使计划各环节合理衔接，确保组织相关活动与企业目标、资源和需要相互适应。

3）优化任务执行方法。通过体系化建构，精选和优化运营管理方法和工具，从而保质保量执行任务并收获成效。

4）评价任务成效。在任务执行的基础上，建立相关评价指标体系等，检查评价任务执行的成效。

3. 主要内容

体系化建构涉及组织运行体系建构、任务体系建构、方法体系建构和评价体系建构。组织运行体系建构是基础，涉及企业组织架构的建立和优化、职责界定和划分、组织间相互协调等。有的企业间的资源虽大体相同，但如果它们的组织运行体系建构不合理，其运营状况也会有很大的差异。在组织运行体系建构的基础上，企业可以开展具体的任务计划制订、执行和反馈。执行层面包括任务体系建构、方法体系建构和评价体系建构。其中，方法体系建构是任务体系建构的支撑，评价体系建构是任务体系建构的反馈。体系化建构的主要内容阐述如下：

（1）组织运行体系建构

组织运行体系建构是指为达成企业的目的或目标，规范企业运行的方式，使得整个企业能够有效运行，建立一系列组织运行体系，明确组织架构、厘清职责、贯通流程、施加管控，保障企业高效运营。公司在进行组织运行体系建构时，需要遵循如下原则：目的原则、权限及责任原则、最终权原则、次序化原则、统治原则、部门划分原则、确定原则和策略原则等。A 公司结合上述原则和自身实际，在组织运行体系建构方面的落地实践工具包括组织体系建立及优化，以及刚性联合组织建立。

一方面，组织运行体系建构的基础是建立相应的组织体系并结合运营状况不断对其进行优化，使组织体系能够高效运转。其中，持续优化是关键，任何组织体系的建构都不是一蹴而就的，需要不断迭代升级。例如，A 公司在组织体系优化方面的主要着力点包括建立机构、职责和人员适配性调整机制等，取得了良好成效。

另一方面，在基础的组织体系建立和优化的前提下，组织运行体系建构还包括刚性联合组织建立。基础的组织体系是固定的组织架构，有时无法满足特定工作任务的要求，因而还需要适时建立刚性联合组织以弥补固定组织架构灵活性的不足，达到统筹资源配置的目的。例如，A 公司成立“五个委员会”，即发展决策委员会、专业规划委员会、科技创新委员会、标准化委员会、资产管理委员会，与固定的组织架构并行。又如，A 公司结合工作任务的特点，打破部门和层级的限定，成立"特战队"，屡次进行攻坚克难。

（2）任务体系建构

任务体系建构是指为达到既定目标而确定一系列要做的事情的清单式管理。任务体系建构主要涉及任务的选择和规划，用彼得·德鲁克的话来讲就是"要事优先"。判断要事的原则是，面向未来的事情，面向有市场机会的事情，以及在自己工作方向上的事情，并且设定的目标要高、要有新意，不能只求安全和方便。华为进行任务选择的基本原则是"战略集中、战略聚焦、战略突破"。与上述理论和实践异曲同工，A 公司进行任务体系建构的落地实践工具包括重点任务清单发布、实锤成果布局和年度重点里程碑策划。

重点任务清单发布是任务体系建构的最直接工具，是指提前规划和发布一段时间内要做的重点任务清单，以便各个部门可以按照重点任务清单进行任务分解和分头执行。例如，A 公司在年初例行发布了年度计划任务清单，同时在某些关键时间段，发布了动态任务清单，以便统筹安排全年重点工作和灵活处理阶段性攻坚工作。

为保证重点任务能够被切实执行并得到预期成果，任务体系建构的进阶工具是实锤成果布局。所谓实锤成果布局，就是对可以取得的、有充足证据证明的、不可改变定性的预期成果进行提前规划，也可以理解为提前规划一些里程碑性的成果。

例如，A 公司例行公布了年度实锤成果清单，并实施了实锤成果分级管控机制，深入贯彻“三边”原则，即边播种、边培育、边收获，持续收获实锤成果。

更进一步地，在重点任务清单发布和实锤成果布局的基础上，任务体系建构的高阶工具是年度重点里程碑策划。年度重点里程碑策划是指对年度内需要实现的、特别关键的里程碑事件进行提前计划和安排。年度重点里程碑策划是对任务目标的进一步明晰，对任务执行提出了更高的要求。例如，A 公司推出的年度“一路大礼花”策划。又如 A 公司例行公布了年度成果创奖策划清单，并推出了创奖激励机制，作为对年度创奖策划的制度保障。

（3）方法体系建构

方法体系建构是指企业结合自身运营情况建立了一系列有效的方法论，形成有机体系以支撑和保障高效运营。这里的方法论主要聚焦于管理方法体系。管理方法可以分为两大类，即认识管理现象、活动的方法和解决管理现实问题的方法。第一类是管理研究方法或者管理认识方法，该类方法的应用过程就是管理认识或者管理研究过程，其应用旨在认识管理现象或者活动；第二类是管理实践方法，其应用过程是管理实践过程，目的在于解决管理中的现实问题。而 A 公司结合上述分类进行创新，建构方法体系的落地实践工具，包括基础管理体系建设和全面质量管理体系建设。

基础管理体系主要涉及职责、流程、制度、标准和激励等方面的系统化管理。A 公司建立了完善的基础管理体系，如"五位一体"（职责、流程、制度、标准、激励）协同管理体系和"抓、强、建"（抓基层、强基础、建规范）管理体系等。

案例："抓、强、建"管理体系

"抓、强、建"管理体系实践案例的实质：一种基础管理工作机制，有助于企业建构工作规范和进行闭环管控等。

A 公司为做好基础管理工作，提出"抓基层、强基础、建规范"管理体系。抓基层是指建立资产动态维护、设备全过程运维、运维团队质量管控等管理体系；强基础是指建立台账全覆盖、全过程计划管控、岗位量化人才培养等管理体系；建规范是指健全规程、规章和标准，建立全范围管理机制体系，全面形成 ISO9000 标准管控体系。通过"抓基层、强基础、建规范"管理体系，A 公司盘点了职责分配与基础工作流程，至今累计的工作成果有：梳理工作任务 174 项，涉及制度标准 138 项；结合机构调整，动态调整 66 项跨专业、跨部门工作流程；补齐 20 项规章制度，修订完善 35 项管理规范。

在做好基础管理体系建设的同时，A公司基于提高各方面工作质量的目的，提出全面质量管理体系建设。全面质量管理体系的特点是全员参与的质量管理、全过程的质量管理、全组织的质量管理和多样的质量管理方法。A公司有很多全面质量管理落地实践的案例，如全面推行基于ISO9000的质量管理体系和PDCA全面质量管理方法。

案例：基于ISO9000的质量管理体系

基于ISO9000的质量管理体系实践案例的实质：源于ISO9000质量管理体系，建构具有A公司特色的质量管理体系，助力公司高质量发展。

A公司在建构公司级质量管理手册方面，从组织环境、风险识别、质量目标等12个方面，分析自身管理体系的现状，完成整改与提升，系统性建构本公司质量管理体系。

A公司在梳理各专业标准流程方面，参照母公司、上级公司专业管理制度规范，梳理了专业管理等6个业务领域的标准化工作流程137项，逐项明确了角色、职责和具体执行标准。

在部门级管理规范的落地执行方面，各生产中心根据A公司业务流程标准，细化本部门工作流程手册，总结归纳一线流程108项，进一步规范了基层班组工作标准。

(4) 评价体系建构

任务清晰后，接下来的关键就是任务绩效评价。评价体系建构是指绩效评价体系的建立。绩效评价可以通过横向对标和建构绩效评价指标体系来实现。这里的关键绩效指标（KPI）不再是仅有财务指标的 KPI，而是具有目标和任务的 KPI。对此，英特尔和谷歌公司给出了一个新词，叫作目标与关键成果（Objectives and Key Results，OKR）。A 公司对评价体系建构进行落地实践的工具为对标管理和指标管理。

对标管理是指不断寻找和研究同行一流企业，并将其作为标杆，以此为基准和本企业进行比较、分析、判断，对本企业进行评价，从而使企业不断改进。对标管理的理念是 1979 年由美国施乐公司首创的，是现代西方发达国家企业管理活动中重要的管理方式之一。对标管理通常分为四种：内部对标，即公司内具有相似功能的部门之间的对标；竞争性对标，即与直接竞争对手的对标；行业或功能对标，即与处于同一行业但不在一个市场的公司对标；类属或程序对标，即与不相关的公司就某个工作程序的对标。例如，A 公司对标管理的具体实践是进行国际对标、同业对标和专业对标。

指标管理的直观意义就是对指标进行管理。指标是管理的抓手，来源于绩效与业绩差距。指标是临时性的，不是一成不变的，在企业经营的不同阶段，有不同的指标需求。指标管理是成体系的，主要体现在指标管理的具体步骤：获取数据源、定义指标、指标建模、指标固化和指标应用。A公司指标管理的具体实践包括自主评价体系（12410数字化信通先锋评价体系、“三个发展”评价体系和本质安全评价体系等）、建立KPI评价体系和OKR评价体系。

5.2.3　过程性管控

1. 定义

过程性管控是指为保证组织目标得以实现、决策得以执行，对组织行为过程进行监督、检查和调整的一种管理机制。

过程性管控是管理的控制职能和中华传统文化及西方过程哲学结合的一种体现。中华传统文化和西方过程哲学都认为，一切都在变动流转之中，变化是普遍的、没有终极的，宇宙处于无穷往复、生成流变、创造自新的过程中。因为一切事物均处于变化之中，而变化是由若干过程组成的，所以要做好过程性管控。

2. 作用

过程性管控的核心思想对应于管理的控制职能。过程性管控的作用在于对目标制定、过程执行和执行成效进行有效管控，具体作用如下：

1）保证目标的制定和分解等适度合理、可实现。

2）制定过程控制标准，衡量目标执行情况，及时采取纠正措施。

3）确保任务执行达到或超过预期成效，形成闭环管控。

对人可以控制、对活动也可以控制。只有对其进行控制，才能更好地保证企业的任务顺利完成。相对而言，西方管理学注重对物化结果或阶段性成果的控制，强调控制的实效性；中华传统文化则偏重对人的控制，因而控制的标准模糊、不精确但更具柔性。儒家强调礼治，道家主张"无为"而治，法家则力推"法治"。最有效的控制应是"无为而治"，这里的"无为"是达到"无不为""无为治"这一目的的手段。确切地说，无为管理的实质是把人的社会性减到最低限度，通过恢复人的自然属性的方式来达到理想的管理效果。中国历史上，汉代的"文景之治"就是"无为而治"的典范。

3. 主要内容

从管理者的角度看，应确保企业有计划，并且按计划执行，而且要反复地确认、修正、控制，保证企业社会组织的完整。作为一种管理职能，控制的方法也有很多种，有事前控制、事中控制、事后控制等。控制的基本程序是：制定控制标准，衡量计划的执行情况；将实际成果同预定目标相比较以确定是否发生了偏差，以便及时采取纠正措施。据此，A 公司的过程性管控具体落地实践工具包括目标管控、质量管控和成效管控。

（1）目标管控

目标管控是管理专家彼得·德鲁克在1954年其名著《管理的实践》中最先提出的，德鲁克认为并不是有了工作才有目标，而是有了目标才能确定每个人的工作。目标管控是以目标的设置和分解、目标的实施及完成情况的检查、奖惩为手段，通过员工的自我管理，实现经营目的的管理工具。因此，A公司将目标管控的落地实践工具主要定为目标量化分解和目标任务督办。

目标量化分解是指将目标进行量化并分解成更细的目标，以便更好地落实目标。将目标量化的目的，就是弄清楚为了达成目标需要做哪些事情。量化目标还可以提高行动力。大目标容易让人望而生畏，长期未能实现目标，人就会产生挫败感，容易就此放弃。而量化大目标并将其分解成小目标，便能清楚地看到下一步该怎么走。例如，A公司采用实锤成果分级管控机制进行目标量化分解。

目标任务督办是对目标的实施及完成情况的检查和督查。目标任务督办是以目标倒逼任务，以时间倒逼进度，以督查倒逼落实，确保各项任务按时保质完成。例如，A公司推行的年度计划任务督办和动态任务督办。

（2）质量管控

质量大师约瑟夫·M·朱兰提出了“质量三部曲”，即质量策划、质量控制和质量改进三个过程组成的质量管控，每个过程都由一套固定的执行程序来实现。根据“质量三部曲”，A公司将质量管控的落地实践工具定为质量控制和质量改进。质量策划已经覆盖在目标管控之中，不再重复实践。

质量控制是指制定和运用一定的操作方法，从而确保各项工作过程按原设计方案进行并最终达到目标。质量控制不是对过程的优化，而是对计划的执行。质量改进是指管理者通过打破旧的平稳状态而达到新的、更高的管理水平。质量改进同质量控制性质不同。质量控制是要严格实施计划，而质量改进是要突破计划。通过质量改进，企业可达到前所未有的质量性能水平，最终结果是以明显优于计划的质量水平进行经营活动。质量改进有助于发现更好的管理工作方式。例如，A公司的实践案例是进行卓越绩效管理。

（3）成效管控

成效管控就是对管理目标达成的程度进行管理和控制。如果管理者根据现代最新技术去从事管理活动，从而使管理目标达成的程度高，那么就说明管理工作的成效大，或者称之为有效的管理；如果使用不正确或不恰当的技能，从而使管理目标达成程度低甚至达不到管理目标，那么就说明管理者的管理工作成效不大，或者称之为无效的管理。A 公司将成效管控的落地实践工具定为完成率解析和成果督办。

完成率解析就是对各项工作的完成程度进行分析。完成率是管控成效的具体体现：成效管控做得好，则完成率高；成效管控做得不好，则完成率低。例如，A 公司按期进行的计划完成率分析和实锤成果完成率分析。

成果督办是指对工作任务的执行情况及所获成果进行监督检查，并督促执行，进而提高成果完成质量。例如，A 公司按期进行了阶段成果督办和年度成果督办。

5.2.4　协同式推进

1. 定义

协同式推进是指企业的一切工作由多方配合、统筹推进，实现企业运营顺畅高效，达到预期目标的一种管理机制。

2. 作用

协同式推进的核心思想是将西方经典管理理论与中华优秀传统文化相融合。协同式推进主要对应于管理的协调职能，法约尔认为协调能使各职能机构与资源之间保持一定的比例，收入与支出保持平衡，材料与消耗成一定的比例。同时，中华传统文化源远流长，其中蕴含着丰富的协同理念：儒家主张以

“以人为本”求协同，达到博弈、妥协、和谐的统一；道家主张以“天人合一”求协同，达到“天时、地利、人和”的资源统筹。

在企业内，如果协调工作做不好，就容易造成很多问题。一个部门内部、各不同部门之间及企业内部与外部之间，如果做不到彼此协同，就达不到整体效益最大化。因此，协同式推进的作用如下：

1）确保企业战略横向统一和纵向统一。协同式推进以整体效益最大化为目标，进行横向战略协同和纵向战略协同，确保企业战略统一。

2）带动组织和谐运行。协同式推进能使企业内各部门间工作协调、有序进行，同时助力企业内部与外部相关工作顺利开展、通力协作。

3）保证运营任务顺畅执行。协同式推进将遵循协调的管理职能，秉承多方协同的管理思想，协调各项工作任务，保证运营任务顺畅执行。

3. 主要内容

《说文》提到“协，众之同和也。同，合会也”。协同式推进会使组织之间、组织内部的每一部分或每一个成员的行动都能服从于集体的目标，是管理过程中带有综合性、整体性的一种职能。它的功能是保证各项活动不发生矛盾、冲突和重叠，从而建立默契的配合关系，保持整体平衡。A公司按照协同层次由高到低的逻辑，提出的协同式推进具体实践工具包括战略协同、组织协同和业务协同。

（1）战略协同

战略协同就是企业在确定长期目标、发展方向和资源配置的战略管理过程中，将拥有的技术和资源等在企业与企业之间、内部业务单位之间互用互补，形成核心竞争力。

企业战略协同具有两层含义：一是企业现行各级战略体系进程上的协同性，从而保持企业战略安排在纵向上的协同；二是在一定时期内保持战略体系间的横向协同性。A公司将战略协同的落地实践工具分为战略主题横向协同和战略落地纵向协同。

战略主题横向协同是指在某一特定历史时期，在国家发展的大背景下各个行业、上级组织、子公司之间的战略主题协同配合。战略主题横向协同通过关联管理获取协同效应，进而增加企业的竞争优势，同时竞争优势又使集团效应进一步加强，最终实现螺旋式提升。例如，A公司在公司内部战略体系间进行协同，以及A公司与外部其他相关战略的协同。

战略落地纵向协同是指战略在上下级之间传递执行的协同。战略落地纵向协同可以保持组织内部纵向战略目标上下一致、战略行动“同欲共进”。例如，A 公司对外进行国家、行业、上级组织间纵向协同，对内进行公司、部门、班组三级蓝图战略落地。

案例：公司、部门和班组三级蓝图战略落地模式

公司、部门和班组三级蓝图战略落地模式实践案例的实质：母公司战略五级落地在 A 公司的具体实践，是纵向战略协同的具体体现。

A 公司紧密衔接母公司战略，聚焦上级公司发展目标，形成“国家、行业、上级组织”向上纵向协同；谋划战略任务在 A 公司的具体落地，形成“公司、部门、班组”三级蓝图向下纵向协同，擘画未来发展方向，创造性推动母公司战略五级落地实施。

（2）组织协同

组织协同包括两层含义：一是按照既定的组织架构使各组织之间进行协同开展工作；二是协同分散的人或事物等，使其具有一定的系统性或整体性。

组织在演变过程中，随着规模的逐渐扩大，对管理成熟度的需求也将越来越强烈。在组织协同的道路上，有两个典型的协同模式。

制度化、流程化协同。这个阶段的协同，与授权管理相伴相生，组织成员的协同效果主要体现在公司的制度和流程的层面。没有这些，组织管理将无章可循，完全靠约定来管理也不现实。

利益协同。这个阶段的协同，与内部沟通协调结果息息相关，组织成员的协同效果，是基于利益共赢层面的。绩效是一个很好的杠杆工具，越是运用得好，对企业的贡献越大，反观某些“只想马儿跑，不给马吃草”的组织决策，利益协同的效果必然不会太好。

A 公司将组织协同的落地实践工具定为组织职能匹配和指挥体系建构。

首先，组织职能匹配是指通过职能的专业化分工，让每个职能都专注于自己的“本事”。组织职能匹配的最佳状态是“事事有人做，人人有事做”。一般的组织职能匹配的依据包括：部门职能、组织梳理问卷、岗位分析问卷，管理及业务流程，专业分工原则。例如，A 公司成功地进行了上下游职责匹配和岗位功能匹配。

然后，在组织职能匹配的基础上，进一步建构指挥体系。指挥体系是由多层次、多分支指挥机构组成的有机整体。建构指挥体系的目的是为实行统一指挥提供组织依托。指挥体系主要表现为指挥机构设置的递阶结构和指挥跨度的合理性。递阶结构是指指挥体系在纵向上所区分的指挥层次；指挥跨度是指指挥体系中每一级指挥层次直接指挥的所属和配属的建制单位数量。实现指挥体系科学合理的主要途径是最大限度地增大指挥跨度，同时尽量减少指挥层次。例如，A公司分别建立了行政指挥体系、生产指挥体系和导向性绩效考核体系，作为"胡萝卜加大棒"运转机制。

（3）业务协同

业务协同是指将各种业务系统纳入统一的运营平台，多主体、多环节、多事项实现协同关联，避免资源浪费，提高工作效率，从而确保企业业务的正常运营。企业的日常经营要素主要包括"人、财、物"三个方面，日常经营活动主要包括"内部任务协同"和"外部任务协同"两个部分，目的是提升效率和创造效益。

内部任务协同主要是确立内部管理制度和业务流程，搭建好内部管理架构，明确各个单元分工。各个单元的架构简单明了，并且有设立串联其他单元的沟通岗位职能（可兼任）及对于相关任务分析反馈的工作流程。例如，A公司基于ISO9000标准进行了业务流程标准化梳理和组织业务矩阵搭建。

外部任务协同主要是以任务为导向，企业与外部利益相关方建立协同合作流程和机制，通力配合完成任务，实现多方共赢。例如，A 公司与合作方建立了战略合作机制、行业培训基地和企业重点实验室等。

5.2.5　激励性引领

1. 定义

激励性引领是指通过各种影响因子激励组织成员努力向目标迈进的一种管理机制。

2. 作用

激励性引领符合领导职能的指挥和激励方面。在现代管理理论中，领导是指“影响人们为组织和集体目标做出贡献的过程”。领导的实质是通过建立一种追随关系来实现组织的目标。由于人们往往会追随那些他们认为可提供实现其愿望、要求和需要手段的人，因此领导和激励密切相关，只有理解了人们的真实需要和行为动因，才能更好地理解激励问题，从而实现有效的领导。

激励性引领的作用在于：

1）设定目标并领导企业完成目标。

2）发挥指挥职能和影响力。通过选择领导行为，如指示型、支持型和参与型领导行为，产生示范作用。

3）产生实质性激励作用。领导者运用合适的激励手段和方法，调动被领导者实现组织目标的积极性。

3. 主要内容

在维克托·弗鲁姆的“途径—目标理论”中，领导者通过权衡以目标为导向和以下属关系为导向两个方向的影响，达到激励下属完成个人或组织目标的目的。通过向下属讲明获得奖励的途径和对完成目标的奖励承诺，领导者能够加强对下属的激励。然后，领导者可通过不同的领导行为（指示型、支持型和参与型领导行为等）来弥补下属的不足，从而协助下属完成任务。按照“设立目标—规划路径（做出行动）—收获成果”的逻辑，A 公司把激励性引领分为目标引领、行为引领和价值引领。

（1）目标引领

目标引领是指要以目标为着眼点，统筹谋划、设计出发展目标，使目标起到激励作用。人在干事创业的过程中往往需要有目标激励，有了目标引领，团队就会有力量，企业发展就会有方向。A 公司将目标引领的落地实践工具确定为物质目标实现和精神目标实现。

物质目标实现就是与企业和员工相关的物质层面的目标得以实现。物质目标是相对底层的目标也是基础目标，没有物质目标的实现，精神目标的实现将无从谈起。针对物质目标的实现，A 公司的实践案例包括目标完成度评定和目标价值评定等。

精神目标的实现是人最高层次的生活体验，是一种获得感、归属感和成就感。精神目标的实现就是人们在工作和生活中主观世界不断得到改造完善，精神需求不断得到满足，精神生活不断得到充实、提高的过程和状态。例如，A 公司的实践案例包括员工梯队能力进阶和企业影响力升级。A 公司不断追求员工精神目标的实现，让员工能力有所成长，让企业影响力有所增强，涵养员工和企业的良心、情怀，做有良心、有情怀的员工、企业。

（2）行为引领

行为引领是指躬身力行、率先垂范，起到头雁效应和聚力效果。领导者要审时度势，运筹帷幄，抢抓机遇，以上率下，以使命和担当来感染和激励下属。中国古代儒家思想中就有“子帅以正，孰敢不正”的论述。A 公司将行为引领的落地实践工具确定为企业家精神践行和榜样行为示范。

企业家精神自我践行就是指领导者要做到领航掌舵、身体力行、知行合一、止于至善。通过企业家精神自我践行，领导者可以很好地起到行为引领作用，企业可实现一级带着一级干、一级做给一级看。例如，A 公司的企业家精神自我践行体现在：定战略、出方法、抓落实；说到做到、做必做好等多个方面。

榜样行为示范是指通过树立榜样、典型起到见贤思齐的效果。除了领导本身的企业家精神自我践行，员工中先进典型的示范作用同样非常重要，也最能释放“朋辈优势”。A 公司在榜样行为示范方面的实践案例有典型人物示范和典型成果宣传。A 公司在榜样典型选树、培育、宣传和弘扬等方面，依托网格化宣传机制，涌现出众多榜样典型，逐步迈向群体先进，迸发出强劲的活力和战斗力。

（3）价值引领

价值引领是指通过合理的绩效管理和精神激励驱动企业可持续发展。企业绩效管理在于如何运用科学手段进行有效的管理。同时，绩效管理理论的运用也应因地制宜、因时而异，因此企业要视实际情况而定，不能生搬硬套。精神激励即内在激励，是指精神方面的无形激励。下属的价值观和思想应与集体的价值观和思想相联系。A 公司结合自身实践经历，将价值引领的落地实践工具确定为绩效激励和精神激励。

绩效激励偏向物质层面，包括常规绩效激励和定向绩效激励。常规绩效激励就是企业运营中普遍采用的绩效激励。例如，A 公司建立了常规绩效激励体系。定向绩效激励是根据企业自身情况量身定制的绩效激励。A 公司在定向绩效激励方面的实践案例包括特战队专项绩效、优秀人才定向激励和科技创新专项绩效等。

相对绩效激励而言，精神激励是非物质的、内在激励。精神激励是从满足人的精神需要出发，对人的心理施加积极的影响，从而产生内生驱动力，激发人的热情和正能量。它也是企业员工成长、企业发展和社会进步的动力源泉之一。A 公司在精神激励方面的实践案例包括家国情怀涵养、核心价值观践行和心灵家园培育等。

5.3 “和合”管理机理

“和合”管理包括“文化和之于管理”和“管理合之于文化”两个部分。它们在企业实践过程中是如何相互配合，共同发挥作用的呢？下文将结合企业管理实践，对“和合”管理发挥作用的机理进行阐述。

5.3.1 “和合”管理机制编号

为了更清晰地理解“和合”管理的作用机理，下面将分别对“TRS”文化机制和“SSCAI”管理机制进行编号，以便更为清晰、直观地阐述二者之间的相互作用。

对于“TRS”文化机制的编号，我们用文化的英文单词“Culture”的首字母“C”统一代表文化机制，见表 5-1。

表 5-1 “TRS” 文化机制编号

TRS	主要内容	工具箱
思想式运筹 CT	文化场建构 CT1	外部场洞察 CT1. 1
		愿景凝练 CT1. 2
		基因建构 CT1. 3
	路线设计 CT2	文化力量解析 CT2. 1
		文化体系建构 CT2. 2
		年谱设计 CT2. 3
具象化实践 CR	价值传播 CR1	企业家精神驱动 CR1. 1
		榜样人物示范 CR1. 2
		发声体系建构 CR1. 3
	显性推进 CR2	目标具象机制 CR2. 1
		过程具象机制 CR2. 2
		成效具象机制 CR2. 3
	力量聚合 CR3	制度保障机制 CR3. 1
		组织保障机制 CR3. 2
		资源协同机制 CR3. 3
精神态升华 CS	心灵滋养 CS1	员工成长关爱 CS1. 1
		优秀文化浸润 CS1. 2
	精神引领 CS2	文化符号凝练 CS2. 1
		家国情怀涵养 CS2. 2
		作风建设管理 CS2. 3
		奋斗精神磨砺 CS2. 4
	底蕴积淀 CS3	文化味道凝结 CS3. 1
		文化模式迭代 CS3. 2

编号的具体方法如下：“思想式运筹”“具象化实践”和“精神态升华”分别表示为“CT”“CR”和“CS”；对于“TRS”文化机制的主要内容，采用代码和阿拉伯数字进行编

号，如“文化场建构”和“路线设计”分别编号为“CT1”和“CT2”；对于主要内容所包含的工具箱，采用代码和阿拉伯数字进行编号，如“外部场洞察”“愿景凝练”和“基因建构”分别编号为“CT1. 1”“CT1. 2”和“CT1. 3”。

对于“SSCAI”管理机制的编号，我们用管理的英文单词“Management”的首字母“M”统一代表管理机制，见表 5-2。

表 5-2 “SSCAI”管理机制编号

<table>
<tr><th>SSCAI</th><th>主要内容</th><th>工具箱</th></tr>
<tr><td rowspan="10">系统性思维 MS_1</td><td rowspan="3">趋势管理 $MS_1 1$</td><td>政策研究 $MS_1 1.1$</td></tr>
<tr><td>战略规划 $MS_1 1.2$</td></tr>
<tr><td>专业规划 $MS_1 1.3$</td></tr>
<tr><td rowspan="2">总体布局 $MS_1 2$</td><td>发展体系建构 $MS_1 2.1$</td></tr>
<tr><td>目标体系建构 $MS_1 2.2$</td></tr>
<tr><td rowspan="2">资源统筹 $MS_1 3$</td><td>内部资源统筹 $MS_1 3.1$</td></tr>
<tr><td>外部资源统筹 $MS_1 3.2$</td></tr>
<tr><td rowspan="3">时间管理 $MS_1 4$</td><td>效率管理 $MS_1 4.1$</td></tr>
<tr><td>效能管理 $MS_1 4.2$</td></tr>
<tr><td>全面综合计划管理 $MS_1 4.3$</td></tr>
<tr><td rowspan="9">体系化建构 MS_2</td><td rowspan="2">组织运行体系建构 $MS_2 1$</td><td>组织体系建立及优化 $MS_2 1.1$</td></tr>
<tr><td>刚性联合组织建立 $MS_2 1.2$</td></tr>
<tr><td rowspan="2">方法体系建构 $MS_2 2$</td><td>基础管理体系建设 $MS_2 2.1$</td></tr>
<tr><td>全面质量管理体系建设 $MS_2 2.2$</td></tr>
<tr><td rowspan="3">任务体系建构 $MS_2 3$</td><td>重点任务清单发布 $MS_2 3.1$</td></tr>
<tr><td>实锤成果布局 $MS_2 3.2$</td></tr>
<tr><td>年度重点里程碑策划 $MS_2 3.3$</td></tr>
<tr><td rowspan="2">评价体系建构 $MS_2 4$</td><td>对标管理 $MS_2 4.1$</td></tr>
<tr><td>指标管理 $MS_2 4.2$</td></tr>
</table>

（续）

SSCAI	主要内容	工具箱
过程性管控 MC	目标管控 MC1	目标任务督办 MC1.1
		目标量化分解 MC1.2
	质量管控 MC2	质量控制 MC2.1
		质量改进 MC2.2
	成效管控 MC3	完成率解析 MC3.1
		成果督办 MC3.2
协同式推进 MA	战略协同 MA1	战略主题横向协同 MA1.1
		战略落地纵向协同 MA1.2
	组织协同 MA2	组织职能匹配 MA2.1
		指挥体系建构 MA2.2
	业务协同 MA3	内部业务协同 MA3.1
		外部业务协同 MA3.2
激励性引领 MI	目标引领 MI1	物质目标实现 MI1.1
		精神目标实现 MI1.2
	行为引领 MI2	企业家精神自我践行 MI2.1
		榜样行为示范 MI2.2
	价值引领 MI3	绩效激励 MI3.1
		精神激励 MI3.2

编号的具体方法如下：“系统性思维”“体系化建构”“过程性管控”“协同式推进”和“激励性引领”分别表示为“MS_1”“MS_2”“MC”“MA”和“MI”；对于“SSCAI”管理机制的主要内容，采用代码和阿拉伯数字进行编号，如“趋势管理”“总体布局”“资源统筹”和“时间管理”分别编号

为“$MS_1$1”“$MS_1$2”“$MS_1$3”和“$MS_1$4”；对于主要内容所包含的工具箱，采用代码和阿拉伯数字进行编号，如“政策研究”“战略谋划”和“专业规划”分别编号为“$MS_1$1.1”“$MS_1$1.2”和“$MS_1$1.3”。

此外，“TRS”文化机制和“SSCAI”管理机制所对应的典型案例见附录B和附录C。

5.3.2 “和合”管理机理的两种视角

“和合”管理机理主要阐述了“TRS”文化机制与“SSCAI”管理机制是如何相互作用，共同发挥作用的。

我们可基于不同的视角来描述它们之间的相互作用：①“TRS”文化机制是如何作用于“SSCAI”管理机制各个要素的视角，即基于“SSCAI”的“和合”管理机理分析；②“SSCAI”管理机制是如何作用于“TRS”文化机制各个要素的视角，即基于“TRS”的“和合”管理机理分析。

以上两种不同的视角，可对“和合”管理机理从不同角度进行解释。因此，在“和合”管理实践中，企业选择以上两种视角之一对其进行解构和分析即可。

下面将结合企业管理实践，重点对基于“SSCAI”的“和合”管理机理进行阐述。

1. 基于“SSCAI”的“和合”视角

基于“SSCAI”的“和合”视角，主要阐述了“TRS”文化机制是如何作用于"SSCAI"管理机制的各个要素的，见表5-3。下面将分别从"系统性思维、体系化建构、过程性管控、协同式推进、激励性引领"五个方面进行阐述。

表 5-3 基于"SSCAI"的"和合"视角关系

<table>
<tr><th rowspan="2">SSCAI</th><th rowspan="2">主要内容</th><th colspan="3">相对应的"TRS"</th></tr>
<tr><th>工具箱</th><th>主要内容</th><th>TRS</th></tr>
<tr><td rowspan="4">系统性思维 MS_1</td><td>趋势管理 $MS_{1}1$</td><td>外部场洞察 CT1.1</td><td rowspan="4">文化场建构 CT1</td><td rowspan="4">思想式运筹 CT</td></tr>
<tr><td>总体布局 $MS_{1}2$</td><td>愿景凝练 CT1.2</td></tr>
<tr><td>资源统筹 $MS_{1}3$</td><td rowspan="2">基因建构 CT1.3</td></tr>
<tr><td>时间管理 $MS_{1}4$</td></tr>
<tr><td rowspan="5">体系化建构 MS_2</td><td>组织运行体系建构 $MS_{2}1$</td><td>组织保障机制 CR3.2</td><td rowspan="2">力量聚合 CR3</td><td rowspan="2">具象化实践 CR</td></tr>
<tr><td>方法体系建构 $MS_{2}2$</td><td>制度保障机制 CR3.1</td></tr>
<tr><td>任务体系建构 $MS_{2}3$</td><td>年谱设计 CT2.3</td><td rowspan="3">路线设计 CT2</td><td rowspan="3">思想式运筹 CT</td></tr>
<tr><td rowspan="2">评价体系建构 $MS_{2}4$</td><td>文化力量解析 CT2.1</td></tr>
<tr><td>文化体系建构 CT2.2</td></tr>
<tr><td rowspan="3">过程性管控 MC</td><td>目标管控 MC1</td><td>目标具象机制 CR2.1</td><td rowspan="3">显性推进 CR2</td><td rowspan="3">具象化实践 CR</td></tr>
<tr><td>质量管控 MC2</td><td>过程具象机制 CR2.2</td></tr>
<tr><td>成效管控 MC3</td><td>成效具象机制 CR2.3</td></tr>
<tr><td rowspan="3">协同式推进 MA</td><td>战略协同 MA1</td><td rowspan="3">发声体系建构 CR1.3
资源协同机制 CR3.3</td><td rowspan="3">价值传播 CR1
力量聚合 CR3</td><td rowspan="3">具象化实践 CR</td></tr>
<tr><td>组织协同 MA2</td></tr>
<tr><td>业务协同 MA3</td></tr>
</table>

（续）

<table>
<tr><th rowspan="2">SSCAI</th><th rowspan="2">主要内容</th><th colspan="3">相对应的“TRS”</th></tr>
<tr><th>工具箱</th><th>主要内容</th><th>TRS</th></tr>
<tr><td rowspan="9">激励性引领 MI</td><td rowspan="6">目标引领 MI1</td><td>员工成长关爱 CS1.1</td><td rowspan="2">心灵滋养 CS1</td><td rowspan="6">精神态升华 CS</td></tr>
<tr><td>优秀文化浸润 CS1.2</td></tr>
<tr><td>文化符号凝练 CS2.1</td><td rowspan="4">精神引领 CS2</td></tr>
<tr><td>家国情怀涵养 CS2.2</td></tr>
<tr><td>作风建设管理 CS2.3</td></tr>
<tr><td>奋斗精神磨砺 CS2.4</td></tr>
<tr><td rowspan="2">行为引领 MI2</td><td>企业家精神驱动 CR1.1</td><td rowspan="2">价值传播 CR1</td><td rowspan="2">具象化实践 CR</td></tr>
<tr><td>榜样人物示范 CR1.2</td></tr>
<tr><td>价值引领 MI3</td><td>文化味道凝结 CS3.1
文化模式迭代 CS3.2</td><td>底蕴积淀 CS3</td><td>精神态升华 CS</td></tr>
</table>

（1）“TRS”与“系统性思维”

“TRS”文化机制与“系统性思维”的影响主要是通过“思想式运筹—文化场建构 CT1”提供方向指导性的作用。

“文化场建构 CT1”对“系统性思维 MS_1”的具体作用包括以下方面：

1）在趋势管理方面，“文化场建构 CT1”中的“外部场洞察 CT1.1”能够为“政策研究 $MS_1$1.1”“战略规划 $MS_1$1.2”和“专业规划 $MS_1$1.3”提供企业面临的社会文化场情况分析，为辨析制定不同政策、战略和专业规划所面临的社会文化环境、产业环境和区域特点等提供方向指引。

2）在总体布局方面，“文化场建构 CT1”中的“愿景凝练 CT1.2”能够为“发展体系建构 $MS_1$2.1”和“目标体系建构 $MS_1$2.2”提供远景目标，也是两者的重要基础和前提。

3）在资源统筹与时间管理方面，“文化场建构 CT1”中的“基因建构 CT1.3”能够为“资源统筹 $MS_1$3”和“时间管理 $MS_1$4”树立正确做事的观念，并提供方向指引。

（2）“TRS”与“体系化建构”

“TRS”文化机制与“体系化建构”的影响主要是通过“思想式运筹—路线设计 CT2”和“具象化实践—力量聚合 CR3”，在组织运行体系建构、方法体系建构、任务体系建构和评价体系建构方面发挥作用。

“路线设计 CT2”和“力量聚合 CR3”对“体系化建构 MS_2”的主要作用包括以下方面：

1）在组织运行体系建构方面，“力量聚合 CR3—组织保障机制 CR3.2”与“体系化建构 MS_2—组织运行体系建构 $MS_2$1”各有侧重、相互配合。具体而言，“组织保障机制 CR3.2”侧重以组织的力量推动企业价值观落地和良好组织行为的形成，“组织运行体系建构 $MS_2$1”更侧重组织制度的建构。

2）在方法体系建构方面，“力量聚合 CR3—制度保障机制 CR3.1”与“体系化建构 MS_2—方法体系建构 $MS_2$2”共同在制度保障方面发挥作用。具体而言，“制度保障机制

CR3. 1”侧重用制度塑造员工良好的行为与正确的价值观，“方法体系建构 $MS_2$2”侧重用制度保障高效运营。

3）在任务体系建构方面，“路线设计 CT2—年谱设计 CT2. 3”主要作用于“体系化建构 MS_2—任务体系建构$MS_2$3”。从文化方向上看，以年谱的内涵引领并激励企业的年度目标及主要任务的实现；从管理方向上看，重点任务清单发布、实锤成果布局和年度重点里程碑策划是对年谱的具体实践。

4）在评价体系建构方面，“路线设计 CT2—文化力量解析 CT2. 1”为“体系化建构 MS_2—评价体系建构 $MS_2$4”提供了价值引领和方向指导。此外，“评价体系建构 $MS_2$4”中包含了“文化体系建构 CT2. 2”的文化要素的评价方法。

（3）“TRS”与“过程性管控”

“TRS”文化机制与“过程性管控”的影响主要是通过“具象化实践—显性推进 CR2”，在目标管控、质量管控和成效管控方面发挥作用。

“显性推进 CR2”和“过程性管控 MC”之间的相互作用主要包括以下方面：

1）在目标管控方面，“显性推进 CR2—目标具象机制 CR2. 1”与“目标管控 MC1”在目标管控方面相互作用、各有侧重，共同建立了目标管理机制。具体而言，“目标具象机制 CR2. 1”侧重对员工在目标管理中的良好品质与组织行为的培育,“目标管控 MC1” 更侧重对目标管理制度的建构。

2）在质量管控方面, “显性推进 CR2—过程具象机制 CR2.2” 与“质量管控 MC2” 共同建立起过程管理机制。具体而言,“过程具象机制 CR2.2” 侧重对员工在过程管理中的良好品质与组织行为的培育,“质量管控 MC2” 更侧重对过程质量的制度建构。

3）在成效管控方面, “显性推进 CR2—成效具象机制 CR2.3” 与“成效管控 MC3” 共同建立成效管理机制。具体而言,“成效具象机制 CR2.3” 侧重对员工在成效管理中的良好品质与组织行为的培育,“成效管控 MC3” 更侧重对成效管控的制度建构。

（4）“TRS” 与“协同式推进”

“TRS” 文化机制与“协同式推进” 的影响主要是通过“具象化实践” 的“价值传播—发声体系建构 CR1.3” 和“力量聚合—资源协同机制 CR3.3”, 在企业内外部资源协同方面发挥作用。

“发声体系建构 CR1.3” “资源协同机制 CR3.3” 与“协同式推进 MA” 的联系主要体现在对企业内外部资源的协同方面, 主要包括以下方面:

1）从文化的角度来看, “发声体系建构 CR1.3” 和“资源协同机制 CR3.3” 主要是提供企业外部资源与内部资源协同的发展理念和方向指引；“发声体系建构 CR1.3”是通过企业价值观的传播，创造员工价值认同的良好氛围与环境，促进企业内部资源协同的；“资源协同机制 CR3.3”是通过建立文化机制协同资源，实现企业内外部的资源协同与力量聚合的。

2）从管理的角度来看，“战略协同、组织协同、业务协同”是对企业内外部资源协同的分层具体实践，从战略、组织、制度和业务等不同维度开展企业内外部资源的协同，实现协同式推进。

（5）“TRS”与“激励性引领”

“TRS”文化机制与“激励性引领”的影响主要是通过“精神态升华 CS”和“具象化实践—价值传播 CR1”，在目标引领、行为引领和价值引领方面发挥作用的。

“心灵滋养 CS1”“精神引领 CS2”、“价值传播 CR1”和“底蕴积淀 CS3”与“激励性引领 MI”的相互作用主要包括以下方面：

1）在目标引领方面，“心灵滋养 CS1”和“精神引领 CS2”主要作用于“目标引领 MI1”的精神目标实现方面，通过员工成长关爱、优秀文化浸润、文化符号凝练、家国情怀涵养、作风建设管理和奋斗精神磨砺建立员工的精神支柱，实现员工的精神目标引领。

2）在行为引领方面，"价值传播 CR1—企业家精神驱动 CR1. 1"侧重以企业家优秀品质的自身践行驱动员工实现价值观认同；"行为引领 MI2—企业家精神自我践行 MI2. 1"更侧重企业家管理能力的自我践行得到员工的信服；"价值传播 CR1—榜样人物示范 CR1. 2"侧重榜样人物的优秀品质示范，从而引导员工形成正确的价值观取向；"行为引领 MI2—榜样行为示范 MI2. 2"更侧重榜样人物的优秀业绩示范，从而促进企业高效运营。管理机制和文化机制各有侧重，通过企业家精神驱动和榜样人物示范，共同实现员工的行为引领。

3）在价值引领方面，"底蕴积淀 CS3"主要作用于"价值引领 MI3"的精神激励方面，通过优秀文化的传承与创新，实现文化底蕴的积淀，形成文化的力量，实现员工的价值引领。

需要说明，以上"TRS"文化机制和"SSCAI"管理机制的对应关系并不是严格一一对应的，也并非强制性对应。

2. 基于"TRS"的"和合"视角

基于"TRS"的"和合"视角，主要阐述了"SSCAI"管理机制是如何作用于"TRS"文化机制的各个要素的。我们可以从"思想式运筹、具象化实践、精神态升华"三个方面进行解构与分析，见表 5-4。

表 5-4　基于“TRS”的“和合”视角关系

<table>
<tr><th rowspan="2">TRS</th><th rowspan="2">主要内容</th><th rowspan="2">工具箱</th><th colspan="2">相对应的“SSCAI”</th></tr>
<tr><th>主要内容</th><th>SSCAI</th></tr>
<tr><td rowspan="7">思想式运筹 CT</td><td rowspan="4">文化场建构 CT1</td><td>外部场洞察 CT1. 1</td><td>趋势管理 $MS_1$1</td><td rowspan="4">系统性思维 MS_1</td></tr>
<tr><td>愿景凝练 CT1. 2</td><td>总体布局 $MS_1$2</td></tr>
<tr><td rowspan="2">基因建构 CT1. 3</td><td>资源统筹 $MS_1$3</td></tr>
<tr><td>时间管理 $MS_1$4</td></tr>
<tr><td rowspan="3">路线设计 CT2</td><td>文化力量解析 CT2. 1</td><td rowspan="2">评价体系建构 $MS_2$4</td><td rowspan="3">体系化建构 MS_2</td></tr>
<tr><td>文化体系建构 CT2. 2</td></tr>
<tr><td>年谱设计 CT2. 3</td><td>任务体系建构 $MS_2$3</td></tr>
<tr><td rowspan="13">具象化实践 CR</td><td rowspan="5">价值传播 CR1</td><td>企业家精神驱动 CR1. 1</td><td rowspan="2">行为引领 MI2</td><td rowspan="2">激励性引领 MI</td></tr>
<tr><td>榜样人物示范 CR1. 2</td></tr>
<tr><td rowspan="3">发声体系建构 CR1. 3</td><td>战略协同 MA1</td><td rowspan="3">协同式推进 MA</td></tr>
<tr><td>组织协同 MA2</td></tr>
<tr><td>业务协同 MA3</td></tr>
<tr><td rowspan="3">显性推进 CR2</td><td>目标具象机制 CR2. 1</td><td>目标管控 MC1</td><td rowspan="3">过程性管控 MC</td></tr>
<tr><td>过程具象机制 CR2. 2</td><td>质量管控 MC2</td></tr>
<tr><td>成效具象机制 CR2. 3</td><td>成效管控 MC3</td></tr>
<tr><td rowspan="5">力量聚合 CR3</td><td>制度保障机制 CR3. 1</td><td>方法体系建构 $MS_2$2</td><td rowspan="2">体系化建构 MS_2</td></tr>
<tr><td>组织保障机制 CR3. 2</td><td>组织运行体系建构 $MS_2$1</td></tr>
<tr><td rowspan="3">资源协同机制 CR3. 3</td><td>战略协同 MA1</td><td rowspan="3">协同式推进 MA</td></tr>
<tr><td>组织协同 MA2</td></tr>
<tr><td>业务协同 MA3</td></tr>
</table>

（续）

<table>
<tr><th rowspan="2">TRS</th><th rowspan="2">主要内容</th><th rowspan="2">工具箱</th><th colspan="2">相对应的"SSCAI"</th></tr>
<tr><th>主要内容</th><th>SSCAI</th></tr>
<tr><td rowspan="8">精神态升华 CS</td><td rowspan="2">心灵滋养 CS1</td><td>员工成长关爱 CS1.1</td><td rowspan="6">目标引领 MI1</td><td rowspan="8">激励性引领 MI</td></tr>
<tr><td>优秀文化浸润 CS1.2</td></tr>
<tr><td rowspan="4">精神引领 CS2</td><td>文化符号凝练 CS2.1</td></tr>
<tr><td>家国情怀涵养 CS2.2</td></tr>
<tr><td>作风建设管理 CS2.3</td></tr>
<tr><td>奋斗精神磨砺 CS2.4</td></tr>
<tr><td rowspan="2">底蕴积淀 CS3</td><td>文化味道凝结 CS3.1</td><td rowspan="2">价值引领 MI3</td></tr>
<tr><td>文化模式迭代 CS3.2</td></tr>
</table>

基于TRS的"和合"视角与基于"SSCAI"的"和合"视角，是对"和合"管理机理的不同解释角度。企业在"和合"管理实践中，选择两种视角之一进行解构和分析即可。因此，本书将不再对基于"TRS"的"和合"视角进行详细阐述。

5.3.3 "和合"管理矩阵解构

上文主要对"和合"管理机理，从基于"SSCAI"的"和合"管理机理分析和基于"TRS"的"和合"管理机理分析两种视角展开了研究。下面将结合A公司的管理实践，对"和合"管理矩阵在文化型企业建设的不同进化阶段的实践工具进行解构。

1. 基于“SSCAI”的“和合”视角的矩阵解构

A 企业通过对文化型企业建设不同进化阶段下重点需要开展“和合”管理进行分析后，建立了基于 SSCAI 的“和合”视角的管理矩阵。

根据 A 公司的管理实践过程，A 公司在文化型企业建设的不同进化阶段下重点开展的“和合”管理机制见表 5-5。表 5-5 所列出的“和合”机制只是标出所处进化阶段的新增项，实际上它包含着上一进化阶段的“和合”机制内容项。“和合”机制的“TRS”文化机制和“SSCAI”管理机制的内容项与进化阶段的对应关系分别见附录 D 和附录 E。

（1）进化 1 阶段：“从从无到有到从有到优”

如前所述，A 公司正处于从命态 1“牙签顶铅球”向命态 2“筑台阶，登高阶”的进化阶段，该阶段被称为“从从无到有到从有到优”。该阶段的重点是加强基础层“和合”管理建设。

具体而言，加强基础层“和合”管理建设包括：

1）“系统性思维 MS_1”：主要强化基础的“资源统筹 $MS_1 3$”和“时间管理 $MS_1 4$”建设，包括人力资源、物力资源、财力资源、供应商资源管理等内部和外部资源统筹，以及建立全面综合计划管理、效率管理和效能管理等时间管理方法。此外，在“TRS”文化机制方面，建构与之相对应的“思想式运筹 CT—

表 5-5 基于"SSCAI"的"和合"视角的管理矩阵解构

"SSCAI"的"和合"视角	进化过程								
	进化 1："从从无到有到从有到优"			进化 2："从量变到质变"			进化 3："从复杂到简单"		
	"和合"机制单元	TRS	SSCAI	"和合"机制单元	TRS	SSCAI	"和合"机制单元	TRS	SSCAI
系统性思维 MS_1	"和合"机制 MC1（1）	基因建构 CT1. 3	资源统筹 $MS_1 3$ 时间管理 $MS_1 4$	"和合"机制 MC1（2）	愿景凝练 CT1. 2	总体布局 $MS_1 2$	"和合"机制 MC1（3）	外部场洞察 CT1. 1	趋势管理 $MS_1 1$
体系化建构 MS_2	"和合"机制 MC2（1）	年谱设计 CT2. 3 文化力量解析 CT2. 1 文化体系建构 CT2. 2	任务体系建构 $MS_2 3$ 评价体系建构 $MS_2 4$	"和合"机制 MC2（2）	组织保障机制 CR3. 2	组织运行体系建构 $MS_2 1$	"和合"机制 MC2（3）	制度保障机制 CR3. 1	方法体系建构 $MS_2 2$
过程性管控 MC	"和合"机制 MC3（1）	目标具象机制 CR2. 1	目标管控 MC1	"和合"机制 MC3（2）	成效具象机制 CR2. 3	成效管控 MC3	"和合"机制 MC3（3）	过程具象机制 CR2. 2	质量管控 MC2

（续）

“SSCAI”“和合”视角	进化过程								
	进化1：“从从无到有到从有到优”			进化2：“从量变到质变”			进化3：“从复杂到简单”		
	“和合”机制单元	TRS	SSCAI	“和合”机制单元	TRS	SSCAI	“和合”机制单元	TRS	SSCAI
协同式推进MA	“和合”机制MC4（1）	发声体系建构CR1.3	业务协同MA3	“和合”机制MC4（2）	发声体系建构CR1.3	组织协同MA2	“和合”机制MC4（3）	发声体系建构CR1.3	战略协同MA1
		资源协同机制CR3.3			资源协同机制CR3.3			资源协同机制CR3.3	
激励性引领MI	“和合”机制MC5（1）	员工成长关爱CS1.1	目标引领MI1	“和合”机制MC5（2）	企业家精神驱动CR1.1	行为引领MI2	“和合”机制MC5（3）	文化味道凝结CS3.1	价值引领MI3
		优秀文化浸润CS1.2							
		文化符号凝练CS2.1							
		家国情怀涵养CS2.2			榜样人物示范CR1.2			文化模式迭代CS3.2	
		作风建设管理CS2.3							
		奋斗精神磨砺CS2.4							

基因建构 CT1.3"，凝练出"坚持、自信"和"立志高远、脚踏实地"的基因。以上的"和合"管理机制采用"MC1（1）"编号。

2）"体系化建构 MS_2"：重点开展围绕"任务体系建构 $MS_2$3"和"评价体系建构 $MS_2$4"的建设工作，包括重点任务清单发布、实锤成果布局、年度重点里程碑策划等重点任务体系建设，以及建立对标管理和指标管理等评价体系。此外，在"TRS"文化机制方面，建构与之相对应的"思想式运筹 CT—路线设计 CT2"，开展企业的文化力量解析、文化体系建构和年谱设计。以上的"和合"管理机制采用"MC2（1）"编号。

3）"过程性管控 MC"：重点围绕"目标管控 MC1"开展管理，建立目标量化分解和目标任务督办等管理制度。此外，在"TRS"文化机制方面，建构与之相对应的"具象化实践 CR—目标具象机制 CR2.1"。例如，提出"不让下属瞎干活""1.1 工作法"和"跳出地球看地球"等文化机制。以上的"和合"管理机制采用"MC3（1）"编号。

4）"协同式推进 MA"：重点围绕"业务协同 MA3"开展企业业务层面的内外协同。在"TRS"文化机制方面，建构与之相对应的"具象化实践 CR—发声体系建构 CR1.3"和"具象化实践 CR—资源协同机制 CR3.3"。例如，提出全覆盖

“心灵之声”、网格化宣传机制、“年终盘点会”等机制，开展“主题实践活动”的资源协同活动。以上的“和合”管理机制采用“MC4（1）”编号。

5）“激励性引领MI”：重点开展“目标引领MI1”工作，建立目标完成度评定、目标价值评定等管理制度。在“TRS”文化机制方面，建构与之相对应的“精神态升华CS—心灵滋养CS1”和“精神态升华CS—精神引领CS2”。例如，通过建立员工成长关爱体系、传统佳节送温暖、中国节气送知识等不断滋养员工心灵，并提出“毕业生”“新生”等文化符号、“四个非常”等家国情怀涵养、“信与服”两设问和“22点开会”等作风建设，以及“屡战屡败，屡败屡战”的奋斗精神。以上的“和合”管理机制采用“MC5（1）”编号。

（2）进化2阶段：“从量变到质变”

A公司正处于从命态2“筑台阶，登高阶”向命态3“把节奏，向从容”的进化阶段，该阶段被称为“从量变到质变”。在上一阶段的基础上，该阶段的重点是加强中间层“和合”管理建设。

具体而言，加强中间层“和合”管理建设包括：

1）“系统性思维MS_I”：在上一阶段“资源统筹$MS_1$3”和“时间管理$MS_1$4”建设的基础上，加强“总体布局$MS_1$2”建设，包括发展体系建构和目标体系建构，例如，提出“三个发展”体系、卓越绩效管理体系等。此外，在“TRS”文化机制方面，建构与之相对应的“思想式运筹 CT—愿景凝练 CT1. 2”，凝练出“员工有情怀、集体有追求、企业有力量”和“员工成长、企业发展、社会进步”的愿景。以上的“和合”管理机制采用“MC1（2）”编号。

2）“体系化建构 MS_2”：在上一阶段“任务体系建构 $MS_2$3”和“评价体系建构 $MS_2$4”的基础上，强化了“组织运行体系建构 $MS_2$1”的建设工作，开展组织体系建立及优化和刚性联合组织建立。例如，成立“特战队”机制，开展组织机构优化和职责优化等。此外，在“TRS”文化机制方面，建构与之相对应的“具象化实践 CR—组织保障机制 CR3. 2”以培育良好的组织行为。以上的“和合”管理机制采用“MC2（2）”编号。

3）“过程性管控 MC”：在上一阶段“目标管控 MC1”的基础上，加强“成效管控 MC3”方面的工作，建立完成率解析和成果督办等管理制度。例如，“1. 1”完成率分析、实锤完成率分析和年度成果督办等。此外，在“TRS”文化机制方面，建构与之相对应的“具象化实践 CR—成效具象机制 CR2. 3”，提出了“有牛可吹、好好吹牛、吹出好牛”“干货成果集”和“三边：边播种、边培育、边收获”等文化机制。以上的“和合”管理机制采用“MC3（2）”编号。

4）“协同式推进MA”：在上一阶段“业务协同MA3”的基础上，加强开展“组织协同MA2”，包括组织职能匹配和指挥体系建构等管理制度。例如，上下游职责匹配、岗位功能匹配、行政指挥体系和生产指挥体系等具体管理实践。在“TRS”文化机制方面，建构与之相对应的“具象化实践CR—发声体系建构CR1.3”和“具象化实践CR—资源协同机制CR3.3”。例如，建立了“抓机会，发声音”“漫话廉政”“漫话群工”等文化机制。以上的“和合”管理机制采用“MC4（2）”编号。

5）“激励性引领MI”：在持续开展“目标引领MI1”工作的基础上，加强“行为引领MI2”的建设工作。在“TRS”文化机制方面，建构与之相对应的“具象化实践CR—企业家精神驱动CR1.1”和“具象化实践CR—榜样人物示范CR1.2”。例如，建立了“恶人”管理等企业家精神驱动，以及“人才谱系”等榜样人物示范案例。以上的“和合”管理机制采用“MC5（2）”编号。

（3）进化3阶段：“从复杂到简单”

如前所述，A公司在从命态3“把节奏，向从容”向命态4“美感与从容”的进化阶段期间，该阶段被称为“从复杂到简单”。该阶段在上一阶段的基础上，完成了“和合”管理建设。

具体而言，该阶段重点的“和合”管理建设包括：

1）“系统性思维 MS_1”：在“资源统筹 $MS_1 3$”“时间管理 $MS_1 4$”和“总体布局 $MS_1 2$”建设的基础上，加强了“趋势管理 $MS_1 1$”建设，包括政策研究、战略规划和专业规划等。此外，在“TRS”文化机制方面，建构与之相对应的“思想式运筹 CT—外部场洞察 CT1. 1”，洞察出文化型企业建设的必要性与发展趋势。以上的“和合”管理机制采用“MC1（3）”编号。

2）“体系化建构 MS_2”：在“任务体系建构 $MS_2 3$”“评价体系建构 $MS_2 4$”和“组织运行体系建构 $MS_2 1$”的基础上，完善了“方法体系建构 $MS_2 2$”的建设工作，包括基础管理体系建设和全面质量管理体系建设。此外，在“TRS”文化机制方面，建构与之相对应的“具象化实践 CR—制度保障机制 CR3. 1”，用制度帮助员工形成良好的行为与正确的价值观。以上的“和合”管理机制采用“MC2（3）”编号。

3）“过程性管控 MC”：在“目标管控 MC1”和“成效管控 MC3”的基础上，加强了“质量管控 MC2”的建设，实施质量控制和质量改进的质量管控方法。此外，在“TRS”文化机制方面，建构与之相对应的“具象化实践 CR—过程具象机制 CR2. 2”，提出了“力戒狗熊掰棒子”“死盯盯死”和“三严：严肃、严格、严谨”等文化机制。以上的“和合”管理机制采用“MC3（3）”编号。

4）“协同式推进 MA”：在“业务协同 MA3”和“组织协同 MA2”的基础上，加强了“战略协同 MA1”建设工作，包括战略主题横向协同和战略落地纵向协同。例如，公司、部门和班组蓝图三级战略落地。在“TRS”文化机制方面，建构与之相对应的“具象化实践 CR—发声体系建构 CR1.3”和“具象化实践 CR—资源协同机制 CR3.3”。例如，建立了“抢占高地”“筑巢引凤聚能”等文化机制，打造行业培训基地和重点实验室建设等。以上的“和合”管理机制采用“MC4（3）”编号。

5）“激励性引领 MI”：在“目标引领 MI1”和“行为引领 MI2”的基础上，强化了“价值引领 MI3”工作，包括绩效激励和精神激励。例如，建立导向性绩效考核、优秀人才定向激励、科技创新专项绩效、特战队专项绩效等。在“TRS”文化机制方面，建构与之相对应的“精神态升华 CS—底蕴积淀 CS3”，开展优秀文化的传承与创新，实现文化底蕴的积淀，形成文化的力量。以上的“和合”管理机制采用“MC5（3）”编号。

以上是 A 公司在文化型企业建设的不同进化阶段下重点开展的“和合”管理机制的具体实践过程，如图 4-7 所示。A 公司将继续迈向从命态 4“美感与从容”向下一阶段命态的进化阶段，其“和合”管理方法也将持续进化与不断完善。

以上“和合”机制矩阵元素，可以细化到核心案例层。具体的案例编号将不在正文中罗列，矩阵元素全集可参见本书附录 B 和附录 C 部分。

此外，A 公司在不同进化阶段下重点开展的“TRS”文化机制和“SSCAI”管理机制建设工作详见附录 D 和附录 E 部分。

2. 基于“TRS”的“和合”视角的矩阵解构

基于“TRS”的“和合”视角，也可以对 A 企业在文化型企业建设的不同进化阶段重点开展的“和合”管理进行分析，建立基于“TRS”的“和合”视角的管理矩阵（见表 5-6），其具体实践过程如图 5-9 所示。

由于基于“TRS”的“和合”视角与基于“SSCAI”的“和合”视角是对“和合”管理机理从不同的角度解释而已，因此，在“和合”管理实践中，企业选择两种视角之一进行解构和分析即可。本书将不再对基于“TRS”的“和合”视角的矩阵解构进行详细阐述。

表 5-6　基于“TRS”的“和合”视角管理矩阵解构

<table>
<tr><th rowspan="3">“TRS”的“和合”视角</th><th colspan="9">进化过程</th></tr>
<tr><th colspan="3">进化 1：“从从无到有到从有到优”</th><th colspan="3">进化 2：“从量变到质变”</th><th colspan="3">进化 3：“从复杂到简单”</th></tr>
<tr><th>“和合”机制编号</th><th>“TRS”编号</th><th>“SSCAI”编号</th><th>“和合”机制</th><th>“TRS”编号</th><th>“SSCAI”编号</th><th>“和合”机制编号</th><th>“TRS”编号</th><th>“SSCAI”编号</th></tr>
<tr><td rowspan="5">思想式运筹 CT</td><td rowspan="5">“和合”机制 CM1（1）</td><td rowspan="2">基因建构 CT1. 3</td><td>资源统筹 $MS_1 3$</td><td rowspan="5">“和合”机制 CM1（2）</td><td rowspan="5">愿景凝练 CT1. 2</td><td rowspan="5">总体布局 $MS_1 2$</td><td rowspan="5">“和合”机制 CM1（3）</td><td rowspan="5">外部场洞察 CT1. 1</td><td rowspan="5">趋势管理 $MS_1 1$</td></tr>
<tr><td>时间管理 $MS_1 4$</td></tr>
<tr><td>文化力量解析 CT2. 1</td><td rowspan="2">评价体系建构 $MS_2 4$</td></tr>
<tr><td>文化体系建构 CT2. 2</td></tr>
<tr><td>年谱设计 CT2. 3</td><td>任务体系建构 $MS_2 3$</td></tr>
</table>

（续）

<table>
<tr><th rowspan="3">“TRS”的
“和合”视角</th><th colspan="9">进化过程</th></tr>
<tr><th colspan="3">进化 1：“从从无到有到从有到优”</th><th colspan="3">进化 2：“从量变到质变”</th><th colspan="3">进化 3：“从复杂到简单”</th></tr>
<tr><th>“和合”机制编号</th><th>“TRS”编号</th><th>“SSCAI”编号</th><th>“和合”机制</th><th>“TRS”编号</th><th>“SSCAI”编号</th><th>“和合”机制编号</th><th>“TRS”编号</th><th>“SSCAI”编号</th></tr>
<tr><td rowspan="6">具象化实践
CR</td><td rowspan="6">“和合”
机制
CM2（1）</td><td rowspan="2">发声体系
建构 CR1. 3</td><td rowspan="4">业务协同
MA3</td><td rowspan="6">“和合”
机制
CM2（2）</td><td>发声体系
建构 CR1. 3</td><td rowspan="2">组织协同
MA2</td><td rowspan="6">“和合”
机制
CM2（3）</td><td>发声体系
建构 CR1. 3</td><td rowspan="2">战略协同
MA1</td></tr>
<tr><td>资源协同
机制 CR3. 3</td><td>资源协同
机制 CR3. 3</td></tr>
<tr><td rowspan="2">资源协同
机制 CR3. 3</td><td>企业家精神
驱动 CR1. 1</td><td rowspan="2">行为引领
MI2</td><td rowspan="2">过程具象
机制 CR2. 2</td><td rowspan="2">质量管控
MC2</td></tr>
<tr><td>榜样人物
示范 CR1. 2</td></tr>
<tr><td rowspan="2">目标具象
机制 CR2. 1</td><td rowspan="2">目标管控
MC1</td><td>成效具象
机制 CR2. 3</td><td>成效管控
MC3</td><td rowspan="2">制度保障
机制 CR3. 1</td><td rowspan="2">方法体系
建构
$MS_2 2$</td></tr>
<tr><td>组织保障
机制 CR3. 2</td><td>组织运行
体系建构
$MS_2 1$</td></tr>
</table>

（续）

“TRS”的“和合”视角	进化过程								
	进化 1：“从从无到有到从有到优”			进化 2：“从量变到质变”			进化 3：“从复杂到简单”		
	“和合”机制编号	“TRS”编号	“SSCAI”编号	“和合”机制	“TRS”编号	“SSCAI”编号	“和合”机制编号	“TRS”编号	“SSCAI”编号
精神态升华 CS	“和合”机制 CM3（1）	员工成长关爱 CS1. 1	目标引领 MI1	“和合”机制 CM3（2）	员工成长关爱 CS1. 1	目标引领 MI1	“和合”机制 CM3（3）	文化味道凝结 CS3. 1	价值引领 MI3
		优秀文化浸润 CS1. 2			优秀文化浸润 CS1. 2				
		文化符号凝练 CS2. 1			文化符号凝练 CS2. 1				
		家国情怀涵养 CS2. 2			家国情怀涵养 CS2. 2			文化模式迭代 CS3. 2	
		作风建设管理 CS2. 3			作风建设管理 CS2. 3				
		奋斗精神磨砺 CS2. 4			奋斗精神磨砺 CS2. 4				

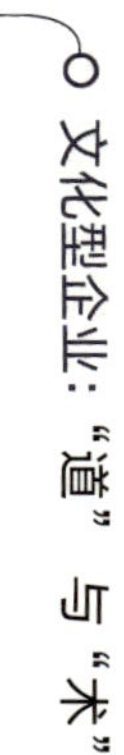

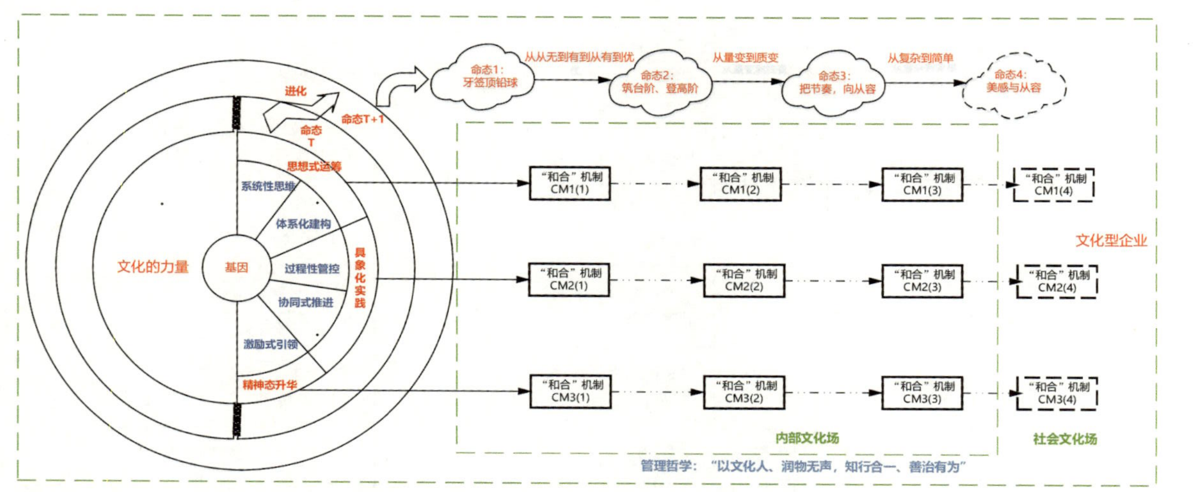

图 5-9　文化型企业建设路线图：基于“TRS”的“和合”视角

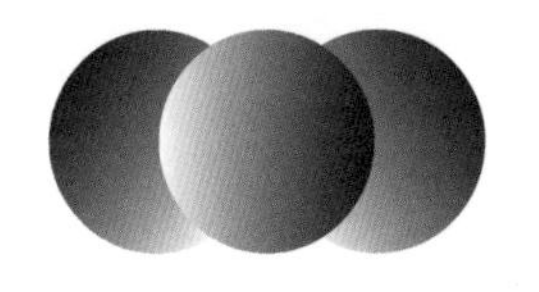

第6章

怎么样——文化型企业建设成效及展望

通过第4、5章的阐述，本书分别回答了A公司在文化型企业建设方面“怎么想”和“怎么做”的系列问题，即已经明晰A公司进行文化型企业建设的路线设计和“和合”管理的实践方法。那么，A公司按照设计的建设路线，采用“和合”管理方法进行文化型企业建设的实践，最后实际效果“怎么样”，也就是A公司进行文化型企业建设的成效如何？

为回答上述问题，本章首先对A公司文化型企业建设的整体成效进行总结，对标文化型企业的宗旨，从员工、集体和企业三个层面梳理具体成效，并对A公司所散发的文化型企业独特味道进行阐述；然后，结合文化型企业理论和A公司的建设成效，对文化型企业理论和实践的未来发展进行展望，以期为理论发展和其他企业的实践提供参考。本章具体内容架构如图6-1所示。

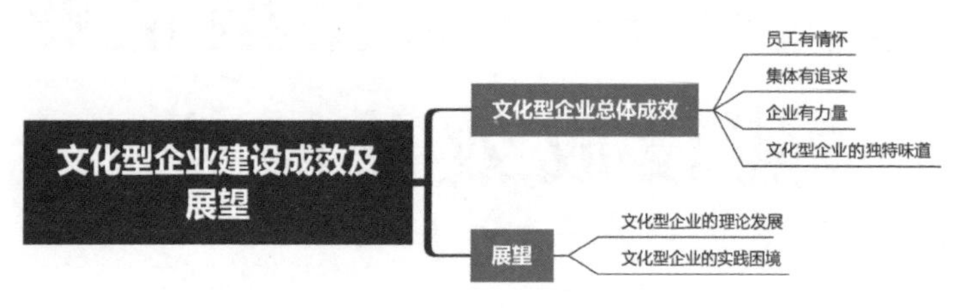

图6-1　第6章具体内容架构

6.1　文化型企业总体成效

A公司文化型企业的宗旨是“员工成长、企业发展、社会进步”。同时，这三个方面也是文化型企业的精神追求和价值共享的具体体现。本节将总结A公司文化型企业建设的整体成效，具体从员工、集体和企业三个层面进行梳理。

从2015年到2021年，经过七年的文化型企业管理理论和实践探索，A 公司各项生产经营指标完成良好，企业干事创业氛围浓厚，队伍敢打敢拼、锐气昂扬，最近三年连续获得业绩考核最高等级（A 级），获评母公司文明单位、先进集体和管理提升“标杆企业”等。在这个过程中，A 公司经历了一个从有到优、从奋然崛起到乘风飞扬的蜕变过程，解决了许多长期无法解决的难题，干成了许多以前没有干成的大事；塑造出“员工有情怀、集体有追求、企业有力量”的企业特质，员工队伍面貌焕然一新，广大干部员工的获得感、幸福感、归属感明显提升；集体专业能力持续彰显、综合实力全面增强、社会责任充分彰显、品牌形象持续提升；公司在地区和行业内的地位大幅提升，公司事业彰显出勃勃生机。

6.1.1　员工有情怀

A 公司经历文化型企业建设后，员工队伍发生了质的改变，员工的思想觉悟显著提升、文化素养充分展示、社会公德意识明显增强。

（1）员工的思想觉悟显著提升

在普通员工层面，近年来 A 公司员工的工作积极性、主动性得到充分发挥，执行力得以大幅提升，队伍还是那支队伍，但状态已不再是原来的状态，能力也不再是原来的能力。曾经的“上热、中温、下冷”等顽疾得到根本去除，“想干事、敢干事、干成事”的决心蔚然成风，涌现出“特战队”“泛在逆行者”“29号院灯光”“良心”班组等拼搏典型。

在高层领导层面，A公司高层领导将“刀刃向内”转为“刀刃向己”，带头以身作则、扑下身子、深入一线，真正做到“一级做给一级看，一级带着一级干”，锤炼出一支勇于创新、敢于拼搏、乐于奉献的铁军。

（2）员工的文化素养充分展示

A公司的文化理念深入人心，文化建设成果丰硕，员工的文化素养得以充分展示。员工共同谋划了“公司年谱”，生动刻画了“公司徽章”；持续开展了“天作支合 · e家园”“毕业生”等特色文化活动；建构出“文化+管理”的双引擎文化型企业管理体系，提炼出“以文化人，润物无声；知行合一，善治有为”的文化型企业管理哲学，形成“良心、情怀、基因、谱系”的文化体系内核，赋予管理以“美感与从容”，初步建成文化型企业。

（3）员工的社会公德意识明显增强

A公司员工的另外一个显著变化是社会公德意识明显增强。首先，A公司员工在践行国家大政方针方面的意识显著增强。其次，A公司所在的行业作为国家的支柱产业，员工在保障国家经济命脉、维护社会稳定方面的使命感增强。例如，A公司将庆祝中国共产党成立100周年大会等重大保障工作作为首要任务，专门成立了保障“特战队”，超前部署、周密组织，确保万无一失。最后，A 公司员工在主动参与社会爱心活动方面的自觉性明显提升，如员工积极踊跃地参加“天作支合 · e 家园”扶贫活动等。

6.1.2　集体有追求

A 公司“边播种、边培育、边收获”，从争排头到当先锋，从“个体先进”到“群体先进”，经过全体干部员工的拼搏奉献，不断在各层级崭露头角，使整个集体更有追求。集体有追求主要表现为促进员工队伍成长、建构卓越运营体系和履行社会责任。

（1）促进员工队伍成长

A 公司近三年累计投入大量教育培训经费以促进员工队伍成长：有 11 名专业优秀人才崭露头角，10 余名员工在国家级、行业级、上级公司等技能竞赛中荣获佳绩，42 人获得各类专业资格认证，专业人才持续涌现，专业铁军硬实力持续提升。A 公司深化开展人才培养“两个工程”，持续赋能人才专业水平提升。此外，A 公司连续三年获得上级公司青年人才技能比武冠军。

（2）建构卓越运营体系

A 公司持续不断地追求卓越运营，已成功建构三大体系，分别是企业核心战略体系、质量管理体系和卓越管理体系。其中，企业核心战略体系包含高质量发展体系、创新发展体系和系统发展体系。质量管理体系框架涉及21册程序文件、137项专业规范和108项一线流程，建构了系统性质量管理模式，取得了ISO9000质量管理体系认证，初步形成一体化质量管理体系。卓越管理体系明确了“审视管理现状—整合管理要素—迈向卓越管理”的实践路径和具体要求，助力多项成果落地。

（3）履行社会责任

A公司始终坚持将实现社会价值与经济价值有机统一，落实国家要求、满足客户需求、服务公司发展。A公司依托专业优势，积极探索面向社会的服务运营体系、创新发展模式，主动参与“碳达峰、碳中和”先行示范区建设，全力保障地区经济社会发展和民生福祉；主动融入国家脱贫攻坚的伟大历程，全员自觉投入扶贫和乡村振兴事业；深入社区街道防疫助民、敬老帮贫、扶幼济困，以实际行动彰显担当。

6.1.3 企业有力量

A公司经历文化型企业建设，其文化的力量充分彰显，企业的凝聚力增强、核心竞争力提升、影响力扩大。

（1）企业的凝聚力增强

A公司紧跟上级公司步伐，自觉融入地方经济社会发展大局，在战略目标实现中勇担使命、在新冠疫情暴发时期敢于担当、在阶段跨越中变革升级。公司上下团结一心，持续践行“1.1工作法”“死盯盯死”机制等，从量的积累达到质的改变，近三年来取得显著效益，不断收获“实锤”成果，极大提升了员工的成就感、获得感和使命感，凝聚起推动企业发展的磅礴力量。

（2）企业的核心竞争力提升

2019年，A公司在“牙签顶铅球”的巨大压力下，敢想敢拼，对内实施变革管理，对外全力支撑专业发展，实现管理模式的系统建构和迭代升级；2020年，A公司率先开展母公司战略落地实践，擘画数字化专业建设发展蓝图，成为母公司战略落地先锋；2021年，A公司的系统性管理稳步运转，一大批管理成果经由V1.0、V2.0版本迭代升级，固化为V3.0常态工作机制。公司管理水平大幅提升，顺利通过ISO9000质量管理体系认证，在此基础上开启卓越绩效管理，企业核心竞争力显著提升。

（3）企业的影响力扩大

A公司作为先行者，走在前列、干在实处，不断推出管理创新成果，解决了多项难题，干成了多件大事，企业影响力显著增强：连续三年获得业绩考核最高等级，稳居母公司系统内一流子公司序列；提出文化型企业管理理论与方法体系，获评母公司级管理提升“标杆企业”;刊发专业技术专刊，为相关专业领域提供新技术分享与交流平台;品牌建设突破历史，品牌形象得到上级公司和社会的高度认可，公司形象不断提升、业绩不断进步。

七年来的经验弥足珍贵，A 公司深切体会到，只有“坚持、自信”，才能不断发展;只有“立志高远、脚踏实地”，才能行稳致远;只有“以文化人、润物无声”，才能凝心聚力;只有“知行合一、善治有为”，才能再攀高峰!

6.1.4 文化型企业的独特味道

所谓味道可以理解为企业所具有的文化特质和行为风格，也可理解为企业自然形成或主动塑造的文化氛围。文化型企业的建设使企业具有了浓郁馨香、奋发有为的独特味道。

事非经过不知难，成如容易却艰辛。一路走来，日渐发展壮大的 A 公司始终不忘初心、牢记使命，经历了从从无到有到从有到优、从平凡到卓越、从奋然崛起到乘风飞扬再到岿然鼎立的蜕变过程，以其别样的精神风采孕育出一派勃勃生机。

这是一个有信仰、重情怀的地方。A 公司坚定理想信念、坚持高标站位，做国家和人民信赖、依靠的“大国重器”。立志高远，脚踏实地，不断涵养良心与情怀，源自内心的使命感、荣誉感、自豪感和归属感越发强烈。

这是一个有追求、见梦想的地方。一支支无须扬鞭自奋蹄的特战队伍，一群群艰辛付出的奋斗者，负有梦想、拼搏奉献、逆行而上，在数字化转型大潮中、在实现“双碳”目标的时代背景下，持续实施卓越管理，努力打造文化型企业。

这是一个有规矩、守纪律的地方。全体员工进一步提升规矩意识、纪律意识；承诺说到做到、做必做好；面对执行任务，做到了“事事有回音、件件有落实”；既能说“行”，又能说出“如何能行”。

这是一个有格局、能成事的地方。A公司秉持企业宗旨，以舍我其谁的使命担当，勇立潮头、引领风气，干成了促发展、利长远的大事要事，业绩考核持续站稳第一方阵。

6.2　展望

本书对文化型企业的管理理论和实践案例做了全面阐述，可为其他企业进行文化型企业建设提供理论和实践参考。文化型企业管理的相关理论会不断发展，未来有可能成为学界研究的重点方向。同时，A公司作为文化型企业的最初实践者，在现在和未来一段时间内，可能会面临一些实践困境，需要结合当时的形势进行妥善解决。本节将对文化型企业的理论发展展望和未来可能面临的实践困境进行梳理总结，以期为后来者提供一定的启示。

6.2.1 文化型企业的理论发展

首先，本书提出的文化型企业理论方法是基于A公司的成功实践，既需要在更多组织或企业、在更大范围内进行实践验证，也需要不断根据实践反馈来完善文化型企业的相关理论。其次，本书提出的文化型企业管理理论仍处于初级阶段，未来会向更高阶段发展，需要学界和业界共同探索提升。最后，A公司作为文化型企业理论的建构者，将不断实践摸索，继续完善相关理论。

6.2.2 文化型企业的实践困境

文化型企业理论在发展的同时，实践方面也会面临一些困境，具体可以总结为以下两个方面：

(1)“先行者”困境

A公司是文化型企业的建构者和实践者，可能会面临无成功经验可借鉴的“先行者”困境。A公司通过实践探索总结出的文化型企业理论不一定完备，未来希望得到相关理论和实践工作者的进一步丰富和完善。

（2）“只缘身在此山中”的困境

俗话说：“当局者迷，旁观者清。”“不识庐山真面目，只缘身在此山中。”企业对自身的认识有时也会陷入这样的困境，需要更多的实践者参与进来，从多个视角进行审视和剖析。

“诗”篇：诗话历程

在文化型企业建设实践中，本书的作者岳顺民以诗词的文学载体，抒发感想、记录历程、传播信念、激荡心灵。在每一个精彩瞬间与经典回味中分别描绘了企业在不同阶段、与不同人物发生的难忘故事，以及产生的成长体悟、真挚情怀和思想感悟等，积淀了企业发展底蕴，传承了企业发展力量。

本篇采录诗词第一首至第十七首，摘自《心岳集》[87]。第十八首至第三十二首系作者岳顺民的最新诗词作品。其中：第一首至第六首是历经命态“牙签顶铅球”时的感悟与抒怀；第七首至第十二首是历经命态“筑台阶、登高阶”时的感悟与抒怀；第十三首至第二十七首是历经命态“把节奏、向从容”时的感悟与抒怀；第二十八首至第三十二首是迈向命态“美感与从容”时的感悟与抒怀。

七绝 · 以文化人，润物无声

体悟乾坤大道呈，依循古圣学心萌。
知行互鉴归元序，润物无声见性明。

注：文化是企业发展的最大底色。企业应坚定文化自信，根植优秀文化，汲取精神力量，让文化成为日用而不觉的思维方式，滋养员工心灵。

七律 · 定海神针

嫦娥不意弄潮生，却令乾坤异彩更。
筑梦飞天从未已，乘风泛海竞相争。
潮儿代代红旗把，士子朝朝热土耕。
重担千钧撑一念，神针定海破天惊。

注：企业呈现“牙签顶铅球”的严峻局面。A企业通过管理机制和文化机制的不断优化迭代，激发使命感、战斗力，以期成为定海神针。

七律·雄鹰初展翅

生居谷壁向高天，抚奏长风啸百川。
羽翼初丰舒此际，层云欲揽梦无边。
千回苦坠峥嵘起，一举腾冲桀骜然。
忽瞰离山虚若线，方知世界浩如烟。

注：寄语新员工，不负时代，不负韶华，苦心智、劳筋骨，鹰击长空，长天之下，尽显多姿本色。

七律·华丽转身

丑鸭时遭架上轰，不轰鸣鸭定无争。
飞天以鸭翻疑梦，立地天鹅浴火生。
折戟凄伤存血性，卧薪隐忍砺心兵。
兹甘磨剑锋神羽，且待冲霄日月惊。

注：经寒历暑，于“漏舟之中”站起来，“游离边缘”干起来，“滚石上山”强起来。企业创造了从平凡到奋起、由苦难到辉煌的华丽转身。

渔家傲·泛在逆行者

日落又谁新月惹？披星泛在逆行者，常负相亲言诺假。清泪洒，愁敛意纵寒家舍。

潮涨涛头当弄耍，少年敢战临风雅，台起入云甘玉瓦。千里马，腾凌高地红旗把。

注：以“特战之姿”冲锋陷阵，舍我其谁担当使命。面对危机逆行而上，彰显“不破楼兰终不还”的决心和“直挂云帆济沧海”的信心。

定风波·圆梦足迹

无定家园心若空，成城数载治齐中。难舍上梁丁酉礼，正轨，启航戊戌鼓帆弓。

白手荷锄挥汗水，崛起，香飘己亥廪仓丰。华丽转身稍旖旎，未已，浪来庚子恰长风。

注：2015年始建“e家园”，历经建家、持家、兴家，至2017年初成。自此循环往复，希冀螺旋上升，跋涉文化之旅。

2018年，深谷务实，整装启征；2019年，卧薪尝胆，华丽转身；2020年，长风破浪，续写故事。品忆足迹，感斯年谱：“难舍·17”“启航·18”“崛起·19”“长风·20”。词填《定风波》，鼓之咏之。

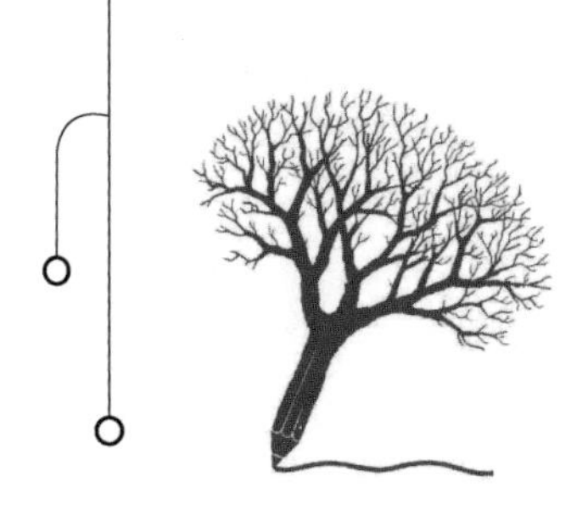

醉花间·别样毕业

桃红季。梦飞季。春恋千番味。寒暑醉添香，莫感花时泪。

今写生涯记。明启新天地。扬起毕业帆，水击三千意。

注：悠悠数载，家园写真。以文化人，以德润身。企业和谐，比之天伦。博爱之仁，人本之魂。名曰毕业，退休新闻。桃李春新，相别与君。一年一度，心怀感恩。与共风云，枝叶同根。

江城子·长阳情

巴山夷水古长阳，溯三皇，史绵长。白虎廪君，五姓立家邦。故楚风云烟逝去，仍渔猎，饱风霜。

泱泱华夏逐安康，历沧桑，梦无央。唤醒清江，泼墨土家乡。鱼戏枝头莺宿水，瑶池畔，爱芬芳。

注：在脱贫攻坚的决胜之年，开展扶贫帮助活动，彰显央企责任，践行初心使命，用诚挚爱心“电”亮那山、那人、那水。职工们主动将企业命运、个人发展内嵌于国家、民族的大义中，同呼吸、共成长，深刻于基因中的文化自觉一脉相承，不曾动摇改变，令人感动。

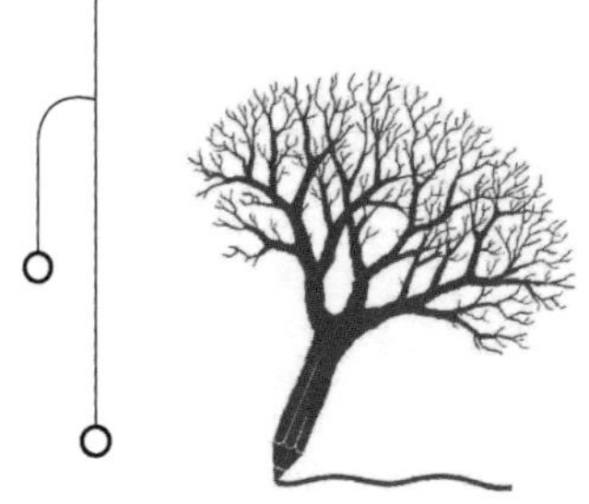

七绝 · 屡败屡战

屡战无涯屡败尝，千磨万击淬锋芒。

青云鉴我愚公愿，屡败成城屡战藏。

注：屡战屡败，屡败屡战。逆水行舟的困难有多少，只有亲历者心中清楚，这是我们必渡的苦难，既然选择了一条路，就要咬着牙走下去。尝过粉身碎骨，方能百炼成钢。

七绝·登高阶

云龙骏马自当差，发轫香街闯玉街。

垒土层层夯础柱，缘梯步步上高阶。

注：察势者智，驭势者赢。成绩是前进的起点，差距是发展的潜力，眼光是胆识与谋略。广泛发动，积极引领，千折百回，一路登高。

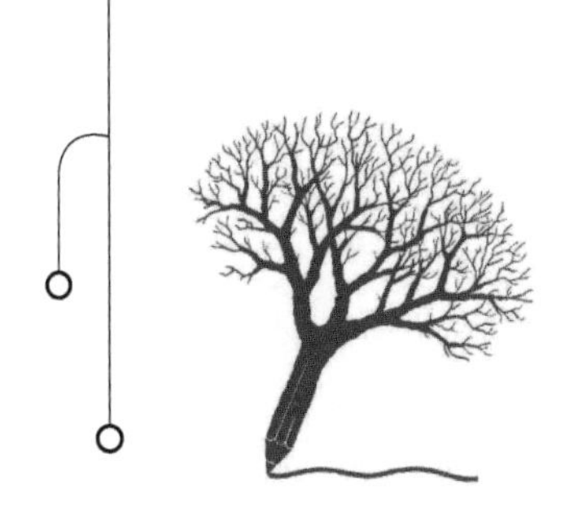

忆江南·起家园

荒芜处，白手起家园。德以修齐文以道，兴于相守旺于传。依恋驻心田。

注：领兵崛起，涅槃凤凰。悠悠数载，文化徜徉。同舟共济，扮靓新妆。墙之内外，分外芳香。家园傲立，溢彩飞扬。清逸潇洒，泛海远航。铿锵年谱，牵动衷肠。点点滴滴，品味无央。诗吟二首，意写风霜。

浪淘沙令·飞扬二一

庚子路非常，无令彷徨。运筹帷幄战为王。极顶层台穷目向，云卷翻翔。

辛丑启新章，重整戎装。寻根至数破洪荒。问鼎儿郎当逐鹿，风起飞扬。

注：庚子行将终结，辛丑即将来临。“鼠”你不易，我们在彷徨中顽强地挺着脊梁，扛下所有苦难；展望，希望来年能够“牛”转乾坤，重整戎装，乘风飞扬。

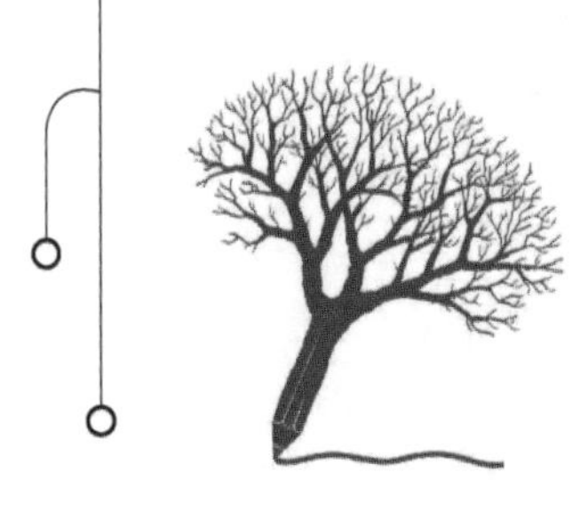

浪淘沙令・手把从容

举步似孩童，磕绊重重。如鹰栗栗炼西风。前路遥遥云雾幻，放眼朦胧。

岩破一棵松，久久为功。冥冥大道合于中。自信躬耕仓廪实，手把从容。

注： 冥冥大道合于中。企业在曲折中前进，行近通达之时，定能洞穿事物的本质，恪守发展规律，在变化的时空中应对自如，砥砺前行。

东坡引·节奏

无情关玉漏，春回花依旧。青枝便即黄颜皱，其心仍豆蔻。

瓜甜蒂落，浑然应候。律以动、何相负？平凡演绎非凡秀，闻天之节奏。

注：就像在大海中航行的轮船，企业家作为总舵手，一个重要的使命是把握好航行的节奏，在暗流涌动的大海中时而果断穿行、勇立潮头，时而不疾不徐、淡定从容。

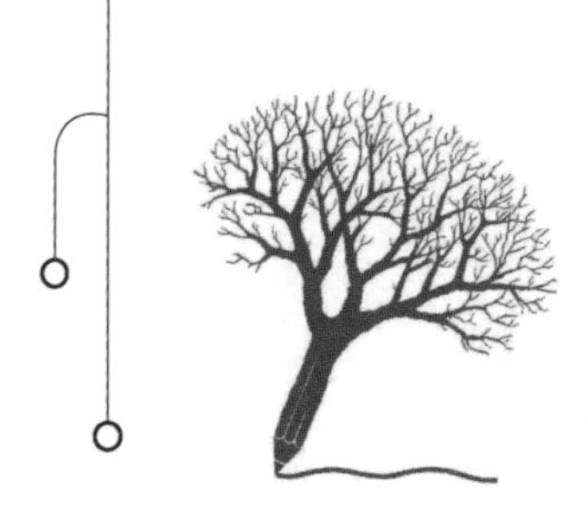

小重山·茧破一重重

冰雪层层压满松。青枝生玉立、任何冬。飞花朵朵落如空。又抬首、更待几多风。

寂寞耐无穷。千番经苦痛、若愚虫。痴心咬定向苍穹。华丽绽、茧破一重重。

注：企业在低谷中崛起，在奋进中收获，在前进中蝶变。

浪淘沙令·非常之境

碧海点星光，醉美苍苍。东君信染洒芬芳。素问天真何所愿，静好弥香。

法上或茫茫，抱负心藏。时人事果演非常。拟把功成持以道，些许疯狂。

注：“于非常时，聚非常人，行非常事，收非常果。”一路感悟，录之以道。始于信，笃于行，持以恒，享非常。企业处于攻城拔寨的关键时期，很多任务都是“入之愈深，其进愈难，而其见愈奇，非有志者不能至也”。盖有非常之功，必待非常之人，于非常之时行非常之事。

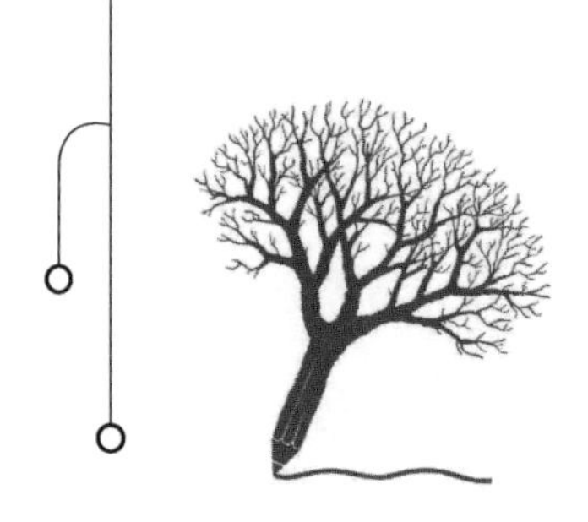

醉花间·别样入学

芙蓉醉。惹人醉。青涩添新翠。风雨伴无涯，潇洒挥衣袂。

首颗扣子礼。惴惴参集体。惊喜赠今朝，精彩期于你。

注：青年，注定了背囊空空，于世间万千风景中摘取属于自己的星辰，将瘦瘠的人生之路铺排丰盈。企业为新员工系好第一粒扣子，期待属于他们的精彩。

浪淘沙令·年终盘点

春汗染秋冬，不论名功。无需公令蔚成风。颠倒衣裳深积厚，盘点年终。

耕获乐由衷，暂放轻松。合当重置一杯空。苦辣酸甜翻百味，荡涤心胸。

注：经常自省归零，保持空杯心态，轻装上阵，才能在举手投足间创造更多价值，把未来的路走得更加平坦。

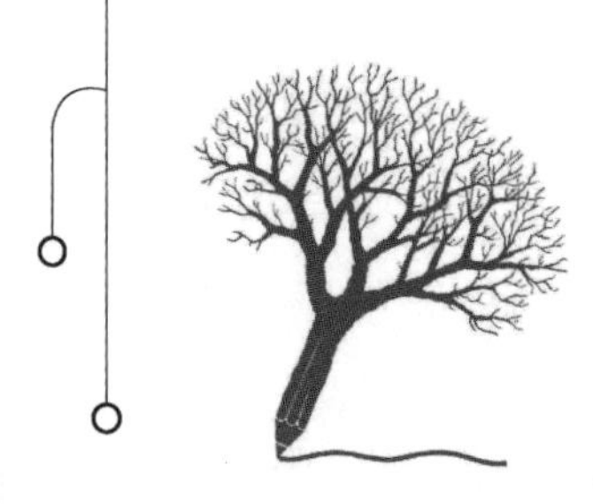

浪淘沙令·鼎立二二

跃步上青云，眼放苍垠。九千愿果济仁人。发刃三严多向己，未负佳辰。

文化筑根魂，大器纯纯。先锋自信不群群。谱系韶华新境界，鼎立壬寅。

注：回顾过去，变革发展之路从无到有，摸索而来，严实之举、未负佳辰；展望未来，卓越之旅前景光明，路在脚下！

喜迁莺·再启新篇

别辛丑，舍离依，载获望春归。宜家重阁景星随，君待燕衔泥。

纳壬寅，行大器，鼎立飞扬谱系。功成有我众心仪，龙兴凤举齐。

注：站在新的起点，成绩属于过去。在充满变数的未来，既要登高望远、抢占高地，也要脚踏实地、虚怀若谷，最终才能水到渠成、瓜熟蒂落。

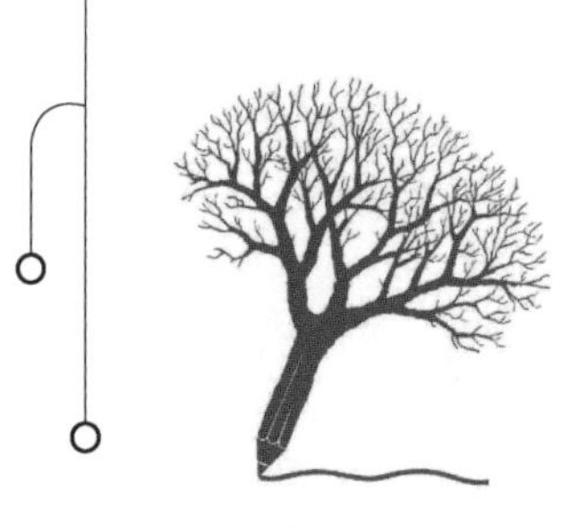

应天长·信与服

设问信乎而服否？坎坷周公甘吐哺。体其难，味其苦。痴愿德风倾百亩。

立松巅，瞻远属。换位竭思相鼓。廪实香飘稷黍。行道别渔父。

注："信"就是真实、合理、系统；"服"就是可行、深刻、高远。

浪淘沙令·乔迁

独院拓新扉，双宇连辉。书堂深柳闹中栖。念念加冠终户立，一醉千杯。

游子掸尘灰，喜鹊迎归。聚其乔木感时催。临峰鼎立重抖擞，续写丰碑。

注：乔迁后的新家园实现了感召力、凝聚力、战斗力的有力聚合，为高质量发展奠定了坚实基础。

定风波·贴身战疫

明月何曾同照江，春迎两度疫情伤。病例邻街相隔望，天降，披星斗战有弛张。

坚守八方兵与将，硬仗，温情电网佑安康。寒夜津城灯火亮，心放，烟花万户送祥光。

注：辛丑壬寅之交，状如己亥庚子之况。同是春节将临，又当满城欢庆，忽逢奥密克戎，祸及津门。值此艰难之际，全城上下，万民同心，战疫速果。乘胜复工关头，比邻街区，病例再现。全体将士，紧随号令，全面迎战。全员排查、轮防部署，紧张有序。事危急，势井然。夜色尽，曙光现。冬将去，春正来，百花含香以待。

五绝·我幸有坚持

我幸有坚持，光阴刻画时。

高平深俱远，我幸有坚持。

注：在坚持中收获，在收获中坚持。

七绝轱辘体·墙内开花分外香

一

墙内开花分外香，天高溢彩任芬芳。
多情为得佳人笑，蝶舞翩翩梦未央。

二

庭前稼穑胜梳妆，墙内开花分外香。
附和娉婷春袅袅，欢颜百谷闹粮仓。

三

流霞远近争相顾，半掩篱门关不住。
墙内开花分外香，无心惹得群芳慕。

四

籽粒无奇落静坊，耘锄弄语寄含章。
风留寂寞云留影，墙内开花分外香。

注：汗滴荷锄、花香自己，无意争芳、花香世界。

浪淘沙令·求索

建业至关因，体系殊尊。筹谋高远事为根。厚积功成而卓越，万象欣欣。

吾辈历艰辛，求索修身。知行在路共诸君。不野升华融不史，文质彬彬。

注：一步一个脚印，层台垒土筑底蕴；一山一座顶峰，知行在路勇攀登。

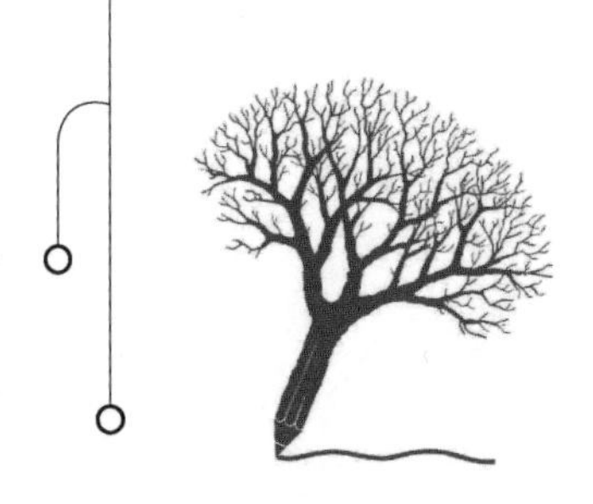

行香子·仁让

拓土开疆，雨露风霜。玉树芝兰素含章。丰登五谷，酱醋封缸。为君相忍，六月雪，一夫当。

仰观宇宙，生生以道，坎坷行行复沧桑。纵横天地，仁者无伤。独与沉默，弄疏影，暗飘香。

注：大千世界，多姿多彩，高处需胜寒；仁德之心，忍让之为，寒处生暗香。

小重山·再登高

影剪蓝屏旦达宵。千般皆不舍、尽奇招。支支战队彩旗飘。历风雨、破浪勇夺标。

岁月铸天骄。基因融血脉、领风骚。激情满满自燃烧。永求索、临顶再登高。

注：卓越管理，再攀高峰。

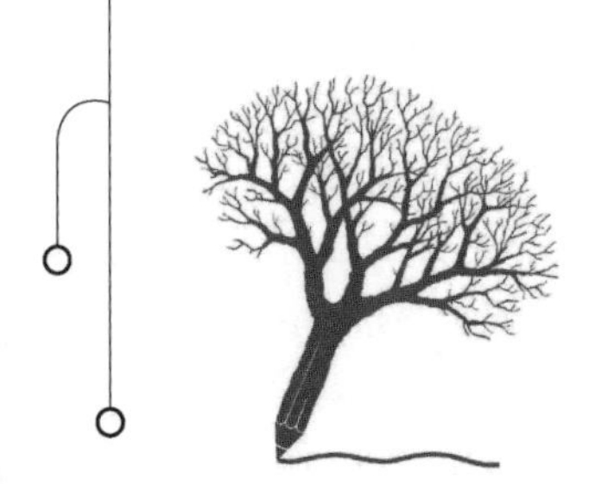

画堂春·构图说

油然观想漫云屏，随心骨体阡横。扯筋牵脉铸身形。画影初萌。

勾勒神来真意，点睛烟火常名。更期一笔写魂灵。妙境天成。

注：文章、事业、人生的不断重构与升华。

浪淘沙令·筑梦者

一梦历三冬，耕获匆匆。无华锦色笔天工。遍起云台星汉妒，数字先锋。

斗浪更迎风，妙弄情钟。开来继往复重重。策马腾冲双碳境，筑路苍穹。

注： 梦成昨日，梦起今日，逐梦明日。

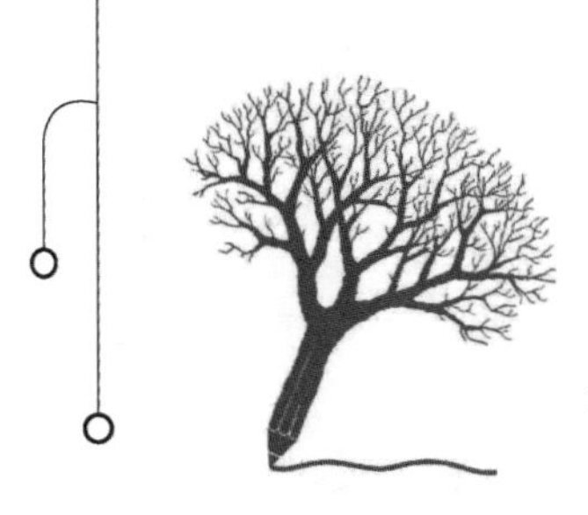

浪淘沙令·行稳二三

破路敢为先，点化平川。嫣红姹紫竞千般。仗笔书生携剑胆，意写江山。

癸卯怎谋篇，美感其间。从容阔步带轻烟。仰止星河邀玉兔，行稳峰巅。

注：厚积底蕴，迈向高远。

定风波·文化味道

万类洪荒竞择优，农耕渔猎御寒羞。礼祀经纶邦国路，破雾，能贤圣哲雨风舟。

润物无声文化赋，阔步，在明明德本根修。华气氤氲天地布，佑护，势坤行健掌春秋。

注：文化的力量。

附　　录

附录 A “谋篇下笔”十二则

一、把握方向，不偏不倚

符合国家大政方针、上级战略部署、专业发展方向。

二、明确站位，换位思考

判断汇报对象，确定报告站位；围绕听者的需求，“投其所好”明确汇报内容。

三、先见“森林”，再见“树木”

先提纲挈领阐述总体情况，再分部分、分层次阐述。

四、结构清晰，逻辑自洽

一般情况下，至少具备四级标题（极端情况下五级以上），每级标题加粗显示；针对每个段落都要起标题；段内内容过多时要区分内容，分别加黑体标题，每段长度不宜超过400字；一句话不宜过长，20字以内必须断句。

五、开门见山，直接点题

将最核心的表达内容最先呈现，描述性语言放在后面。

六、用词精准，概念固化

要准确引用专业术语；多次出现时，除首次外可使用标准简称；概念一旦产生，务必固化、统一；用词把握语境，力求精准。

七、简单明了，白描写实

首选条目化语言，文采不足切忌描述。

八、巧用分号，拒绝“一逗到底”

同段落内，用分号区分内容，一个分号分隔一件事，避免“一逗到底”；同段落内，最少描述三件事。

九、用数字说话，用图表展示

用统计数字、图表说明事项，简明扼要、一目了然，使人印象深刻；如有需要，可适当加入公式、数学模型。

十、两个设问，“信吗”“服吗”

“信”就是真实、合理、系统；“服”就是可行、深刻、高远。

十一、文字是文字，文字亦不是文字

文字是文字，文字亦是方向、战略、资源、调研、目标、计划、措施、管控、成效、美感。

十二、追求美感

积淀历史，勇立潮头；方向要准，内涵饱满；结构清晰，逻辑完整；用数字支撑，用图表展示；文字可亲，章法怡人；信服人己，乃为美感。

附录B “TRS”文化机制编号与核心案例对应关系表

TRS	主要内容	工具箱	文化机制核心案例
思想式运筹 CT	文化场建构 CT1	外部场洞察 CT1.1	国家战略的企业实践
		愿景凝练 CT1.2	企业宗旨与企业特质
		基因建构 CT1.3	“坚持、自信”与“立志高远、脚踏实地”
	路线设计 CT2	文化力量解析 CT2.1	良心、情怀、基因和谱系
		文化体系建构 CT2.2	“e家园”子文化体系；安全文化示范企业子文化体系
		年谱设计 CT2.3	“难舍·17”“启航·18”“崛起·19”“长风·20”“飞扬·21”“鼎立·22”
具象化实践 CR	价值传播 CR1	企业家精神驱动 CR1.1	“恶人”管理机制；“打鸡血”三段论；“两河”机制；“三住”机制；“六讲”机制
		榜样人物示范 CR1.2	“人才谱系”

（续）

TRS	主要内容	工具箱	文化机制核心案例
具象化实践CR	价值传播 CR1	发声体系建构CR1. 3	“抢占高地”机制；“抓机会、发声音”机制；“一路大礼花”机制；“年终盘点会”机制；“成果展示会”机制；全覆盖“心灵之声”机制；网格化宣传机制；“两漫”机制
	显性推进 CR2	目标具象机制CR2. 1	“1. 1 工作法”机制；“跳出地球看地球”；“不让下属瞎干活”；“谋篇下笔”十二则
		过程具象机制CR2. 2	“死盯盯死”机制；“三严”机制；“力戒读秒工作”机制；“力戒狗熊掰棒子”机制；“说到做到，做必做好”机制；“三边”机制
		成效具象机制CR2. 3	“三牛”机制；“干货成果集”
	力量聚合 CR3	制度保障机制CR3. 1	“V3. 0 管理体系”、“e 家园”文化体系等管理机制
		组织保障机制CR3. 2	“五个委员会”机制；“特战队”机制
		资源协同机制CR3. 3	“主题实践活动”机制；“筑巢引凤聚能”机制
精神态升华CS	心灵滋养 CS1	员工成长关爱CS1. 1	员工成长关爱体系
		优秀文化浸润CS1. 2	“以德润身”项目

（续）

TRS	主要内容	工具箱	文化机制核心案例
精神态升华 CS	精神引领 CS2	文化符号凝练 CS2. 1	“新生”与“毕业生”
		家国情怀涵养 CS2. 2	“四个非常”机制；“战疫情·登高台”；“天作支合·e家园”
		作风建设管理 CS2. 3	“信与服”两设问；“刀刃向己”；规矩纪律“十一条”；不落窠臼；22点开会
		奋斗精神磨砺 CS2. 4	“屡战屡败，屡败屡战”；危机攻关
	底蕴积淀 CS3	文化味道凝结 CS3. 1	文化印象（153号的风采）
		文化模式迭代 CS3. 2	文化型企业迭代

附录C “SSCAI”管理机制编号与核心案例对应关系表

SSCAI	主要内容	工具箱	管理机制核心案例
系统性思维 MS_1	趋势管理 $MS_1 1$	政策研究 $MS_1 1.1$	“五个委员会”机制之发展决策委员会
		战略规划 $MS_1 1.2$	企业愿景；企业级五年规划；“谋篇下笔”十二则
		专业规划 $MS_1 1.3$	专业三年滚动规划；专业战略体系
	总体布局 $MS_1 2$	发展体系建构 $MS_1 2.1$	“三个发展”体系；文化建设体系
		目标体系建构 $MS_1 2.2$	卓越管理体系；安全生产“双零”管控
	资源统筹 $MS_1 3$	内部资源统筹 $MS_1 3.1$	五个委员会机制之创新委员会；“两工程”人才培养体系；人才谱系；物资全生命周期管理体系；无形资产管理体系；知识产权管理体系；财务全要素管理体系
		外部资源统筹 $MS_1 3.2$	“红榜厂商”机制；实验室、行业培训基地；“产学研用”生态圈
	时间管理 $MS_1 4$	效率管理 $MS_1 4.1$	时间节点刚性管控机制
		效能管理 $MS_1 4.2$	“轻、重、缓、急”四象限管理
		全面综合计划管理 $MS_1 4.3$	综合计划 X.0 管理

（续）

SSCAI	主要内容	工具箱	管理机制核心案例
体系化建构 MS_2	组织运行体系建构 MS_21	组织体系建立及优化 $MS_21.1$	机构、职责和人员适配性调整机制
		刚性联合组织建立 $MS_21.2$	“五个委员会”“特战队”机制
	方法体系建构 MS_22	基础管理体系建设 $MS_22.1$	年度计划任务清单；动态任务清单
		全面质量管理体系建设 $MS_22.2$	年度实锤成果清单
	任务体系建构 MS_23	重点任务清单发布 $MS_23.1$	重点里程碑策划机制（一路大礼花）、成果创奖激励机制；年度成果创奖策划清单
		实锤成果布局 $MS_23.2$	“五位一体”协同管理体系；“抓基层、强基础、建规范”
		年度重点里程碑策划 $MS_23.3$	质量管理体系；PDCA 全面质量管理方法
	评价体系建构 MS_24	对标管理 $MS_24.1$	国际对标；同业对标；专业对标
		指标管理 $MS_24.2$	自主评价体系（12410 数字化信通先锋评价体系、“三个发展”评价体系、本质安全评价体系）；KPI 评价体系；OKR 评价体系

（续）

SSCAI	主要内容	工具箱	管理机制核心案例
过程性管控 MC	目标管控 MC1	目标任务督办 MC1.1	年度计划任务督办；动态任务督办
		目标量化分解 MC1.2	实锤成果分级管控机制
	质量管控 MC2	质量控制 MC2.1	卓越绩效管理
		质量改进 MC2.2	卓越绩效管理
	成效管控 MC3	完成率解析 MC3.1	计划完成率分析；实锤成果完成率分析；1.1 完成率分析
		成果督办 MC3.2	阶段成果督办；年度成果督办
协同式推进 MA	战略协同 MA1	战略主题横向协同 MA1.1	公司内部战略体系间协同；公司与外部其他相关战略的协同
		战略落地纵向协同 MA1.2	国家、行业、上级组织间纵向协同；公司、部门、班组三级蓝图战略落地
	组织协同 MA2	组织职能匹配 MA2.1	上下游职责匹配；岗位功能匹配
		指挥体系建构 MA2.2	行政指挥体系；生产指挥体系；导向性绩效考核体系
	业务协同 MA3	内部业务协同 MA3.1	基于 ISO9000 标准的业务流程标准化梳理；组织业务矩阵搭建
		外部业务协同 MA3.2	战略合作机制；行业培训基地；企业重点实验室

（续）

SSCAI	主要内容	工具箱	管理机制核心案例
激励性引领 MI	目标引领 MI1	物质目标实现 MI1.1	目标完成度评定；目标价值评定
		精神目标实现 MI1.2	员工梯队能力进阶；企业影响力升级
	行为引领 MI2	企业家精神自我践行 MI2.1	定战略、出方法、抓落实；说到做到、做必做好；
		榜样行为示范 MI2.2	典型人物示范；典型成果宣传
	价值引领 MI3	绩效激励 MI3.1	建立常规绩效激励体系；定向绩效激励体系（优秀人才定向激励；科技创新专项绩效；特战队专项绩效）
		精神激励 MI3.2	家国情怀涵养；核心价值观践行；心灵家园培育

附录 D “TRS”文化机制与进化阶段的对应关系表

TRS	主要内容	工具箱	进化 1	进化 2	进化 3
思想式运筹 CT	文化场建构 CT1	外部场洞察 CT1. 1			⚐
		愿景凝练 CT1. 2		⚐	→
		基因建构 CT1. 3	⚐	→	→
	路线设计 CT2	文化力量解析 CT2. 1	⚐	→	→
		文化体系建构 CT2. 2	⚐	→	→
		年谱设计 CT2. 3	⚐	→	→
具象化实践 CR	价值传播 CR1	企业家精神驱动 CR1. 1		⚐	→
		榜样人物示范 CR1. 2		⚐	→
		发声体系建构 CR1. 3	⚐	⚐	⚐
	显性推进 CR2	目标具象机制 CR2. 1	⚐	→	→
		过程具象机制 CR2. 2			⚐
		成效具象机制 CR2. 3		⚐	→
	力量聚合 CR3	制度保障机制 CR3. 1			⚐
		组织保障机制 CR3. 2		⚐	→
		资源协同机制 CR3. 3	⚐	⚐	⚐
精神态升华 CS	心灵滋养 CS1	员工成长关爱 CS1. 1	⚐	⚐	→
		优秀文化浸润 CS1. 2	⚐	⚐	→
	精神引领 CS2	文化符号凝练 CS2. 1	⚐	⚐	→
		家国情怀涵养 CS2. 2	⚐	⚐	→
		作风建设管理 CS2. 3	⚐	⚐	→
		奋斗精神磨砺 CS2. 4	⚐	⚐	→
	底蕴积淀 CS3	文化味道凝结 CS3. 1			⚐
		文化模式迭代 CS3. 2			⚐

注:“⚐”代表该阶段的新增内容,“→”代表上一阶段内容的延续。

附录E “SSCAI”管理机制与进化阶段的对应关系表

SSCAI	主要内容	工具箱	进化1	进化2	进化3
系统性思维MS_1	趋势管理$MS_1$1	政策研究$MS_1$1.1			⚐
		战略规划$MS_1$1.2			⚐
		专业规划$MS_1$1.3			⚐
	总体布局$MS_1$2	发展体系建构$MS_1$2.1		⚐	→
		目标体系建构$MS_1$2.2		⚐	→
	资源统筹$MS_1$3	内部资源统筹$MS_1$3.1	⚐	→	→
		外部资源统筹$MS_1$3.2	⚐	→	→
	时间管理$MS_1$4	效率管理$MS_1$4.1	⚐	→	→
		效能管理$MS_1$4.2	⚐	→	→
		全面综合计划管理$MS_1$4.3	⚐	→	→
体系化建构MS_2	组织运行体系建构$MS_2$1	组织体系建立及优化$MS_2$1.1		⚐	→
		刚性联合组织建立$MS_2$1.2		⚐	→
	方法体系建构$MS_2$2	基础管理体系建设$MS_2$2.1			⚐
		全面质量管理体系建设$MS_2$2.2			⚐

（续）

SSCAI	主要内容	工具箱	进化 1	进化 2	进化 3
体系化建构 MS_2	任务体系建构 MS_23	重点任务清单发布 $MS_23.1$	⚑	→	→
		实锤成果布局 $MS_23.2$	⚑	→	→
		年度重点里程碑策划 $MS_23.3$	⚑	→	→
	评价体系建构 MS_24	对标管理 $MS_24.1$	⚑	→	→
		指标管理 $MS_24.2$	⚑	→	→
过程性管控 MC	目标管控 MC1	目标任务督办 MC1.1	⚑	→	→
		目标量化分解 MC1.2	⚑	→	→
	质量管控 MC2	质量控制 MC2.1			⚑
		质量改进 MC2.2			⚑
	成效管控 MC3	完成率解析 MC3.1		⚑	→
		成果督办 MC3.2		⚑	→
协同式推进 MA	战略协同 MA1	战略主题横向协同 MA1.1			⚑
		战略落地纵向协同 MA1.2			⚑
	组织协同 MA2	组织职能匹配 MA2.1		⚑	→
		指挥体系建构 MA2.2		⚑	→
	业务协同 MA3	内部业务协同 MA3.1	⚑	→	→
		外部业务协同 MA3.2	⚑	→	→
激励性引领 MI	目标引领 MI1	物质目标实现 MI1.1	⚑	⚑	→
		精神目标实现 MI1.2	⚑	⚑	→
	行为引领 MI2	企业家精神自我践行 MI2.1		⚑	→
		榜样行为示范 MI2.2		⚑	→
	价值引领 MI3	绩效激励 MI3.1			⚑
		精神激励 MI3.2			⚑

注：“⚑”代表该阶段的新增内容，“→”代表上一阶段内容的延续。

参考文献

[1] 胡凡，马毅．文化与文明的界定及其关系［J］．学习与探索，2006（2）：192-194.

[2] 韩震．人类文明形态的演进历程［J］．人民论坛，2021（34）：16-21.

[3] 韩民青．人类文明演进的规律及历程新探［J］．东岳论丛，2011，32（5）：26-35.

[4] 张清林．文化力量的哲学阐释［J］．西安交通大学学报（社会科学版），2013，33（5）：94-99.

[5] 徐光春．文化的力量［J］．中原文化研究，2015，3（4）：5-15.

[6] 丁燕．论坚定文化自信的三个维度［J］．山东师范大学学报（社会科学版），2020，65（6）：52-61.

[7] 张传开，单传友．文化自信的本质及其当代意义［J］．教学与研究，2021（9）：41-47.

[8] 江南．基于“文化自信”战略背景下探讨企业文化建设［J］，2020（12）：19-20.

[9] 任革凡．企业文化建设和文化强国战略研究与实践［J］．现代企业，2019（2）：81-82.

[10] 葛荣晋．中国管理哲学导论［M］．北京：中国人民大学出版社，2007.

[11] 郭然．基于传统文化下的企业文化建设误区分析［J］．东方企业文

化，2015（24）：8-9.

［12］田晖．中西方企业冲突管理模式及其思想的比较［J］．湖南师范大学社会科学学报，2007，36（3）：101-104.

［13］戴秋霞．西方管理理论与中国传统文化的冲突［J］．湖南文理学院学报（社会科学版），2007，（5）：29-31.

［14］苏超．企业集团组织文化管理的难点及应对策略［D］．北京：对外经济贸易大学，2014.

［15］费根．从命令到参与［M］．孙忠，译．北京：中国市场出版社，2010.

［16］霍尔特，卡梅隆．文化战略：以创新的意识形态构建独特的文化品牌［M］．汪凯，译．北京：商务印书馆，2013.

［17］席酉民，韩巍，尚玉钒．面向复杂性：和谐管理理论的概念、原则及框架［J］．管理科学学报，2003（4）：1-8.

［18］苏东水．东方管理学［M］．上海：复旦大学出版社，2005.

［19］彭贺，苏宗伟．东方管理学的创建与发展：渊源、精髓与框架［J］．管理学报，2006（1）：12-18.

［20］成中英．C 理论：中国管理哲学［M］．北京：中国人民大学出版社，2006.

［21］齐善鸿，曹振杰．道本管理论：中西方管理哲学融和的视角［J］．管理学报，2009，6（10）：1279-1284，1290.

［22］王毅武．现代管理学教程［M］．北京：清华大学出版社，2012.

［23］曹仰锋．第四次管理革命：转型的战略［M］．北京：中信出版社，2019.

[24] 陈丽琳. 企业文化四层次结构理论及应用 [J]. 经济体制改革, 2007 (5): 78-80.

[25] 金原诗. 现代企业管理与中国传统管理思想 [J]. 商场现代化, 2021 (17): 80-82.

[26] 柴勇. 中西管理文化比较研究 [D]. 哈尔滨: 黑龙江大学, 2018.

[27] 王虎成. 文化管理与战略管理互补研究 [D]. 武汉: 华中师范大学, 2013.

[28] 崔树军, 刘会晓, 杨勇. 企业生态共同体的激励约束机制与创新研究 [J]. 科学学与科学技术管理, 2008 (10): 196-198.

[29] 朱晓红, 陈寒松, 张腾. 知识经济背景下平台型企业构建过程中的迭代创新模式——基于动态能力视角的双案例研究 [J]. 管理世界, 2019, 35 (3): 142-156; 207-208.

[30] 郝英奇, 刘金兰. TCL 模式与国企改革——基于动力机制视角的分析 [J]. 经济与管理研究, 2006 (5): 91-94.

[31] 茅忠群. 方太之道——从产品创新、管理创新到文化创新 [J]. 清华管理评论, 2013 (3): 22-30.

[32] 胡左浩. 华为的变与不变——以客户价值创造为核心的持续变革 [J]. 清华管理评论, 2019 (10): 22-30.

[33] 解学芳, 臧志彭. "互联网+"时代文化上市公司的生命周期与跨界演化机理 [J]. 社会科学研究, 2017 (1): 29-36.

[34] 罗芳, 叶广宇, 蓝海林. 从组织认定到企业宗旨陈述: 研究综述与理论分析框架 [J]. 管理评论, 2013, 25 (10): 100-110.

[35] 韩福明. 企业文化核心概念及其概念间关系辨析 [J]. 商业时代,

2007（7）：104-106.

[36] 刘梅芳．企业文化在企业管理中的作用［J］．生产力研究．2013（11）：151-152；167.

[37] 苏青，聂晓霞．科学文化和人文文化：人类社会进步合二为一的动力［J］．北京理工大学学报（社会科学版），2004（3）：80-82.

[38] 周可真．现代西方管理哲学述评——对管理哲学的一种元讨论［J］．中国文化与管理，2019（2）：2-22.

[39] 王峰．管理哲学视角下的企业文化建设研究［D］．太原：山西财经大学，2012.

[40] 黄辉．管理哲学—理论 & 实践——管理哲学领域的新成果［J］．理论与改革，2017（6）：189.

[41] 苏勇，李倩倩，谭凌波．中国传统文化对当代管理实践的影响研究［J］．管理学报，2020，17（12）：1751-1759.

[42] 李平．中国本土管理研究与中国传统哲学［J］．管理学报，2013，10（9）：1249-1261.

[43] 巩见刚．本土管理研究的哲学基础思考——对李平、李鑫的一些观点的讨论［J］．管理学报，2015，12（5）：657-663.

[44] 邱忠来．儒家管理哲学对现代企业管理的启示［J］．中国中小企业，2021（12）：150-152.

[45] 欧阳军喜，崔春雪．中国传统文化与社会主义核心价值观的培育［J］．山东社会科学，2013（3）：11-15.

[46] 苏勇，段雅婧．当西方遇见东方：东方管理理论研究综述［J］．外国经济与管理，2019，41（12）：3-18.

[47] 聂法良．不同管理定义的分析与启示［J］．青岛科技大学学报（社会科学版），2013，29（2）：74-76.

[48] 冯波．从自然选择到文化选择［D］．长春：吉林大学，2010.

[49] 蒋萍．企业文化特性研究［D］．苏州：苏州大学，2005.

[50] 刘长燕，郦全民．文化进化的模因视角及其哲学意蕴［J］．哲学分析，2022，13（1）：154-164；199.

[51] 张琦．员工感知的企业家精神对员工行为的影响研究［D］．西安：西北大学，2015.

[52] 杨江，戴林．中国企业家精神与企业家行为理性化［J］．管理世界，2000（5）：116-121.

[53] 陈忠卫，陈传明．创业团队、心理契约与企业家精神传承［J］．改革，2008（12）：100-105.

[54] 王欣，高闯．我国企业家精神研究的路径与动向：一项文献分析［M］//南大商学评论．南京：南京大学出版社，2018：157-177.

[55] 赵宜丹．新时代中国特色社会主义企业家精神培育研究［D］．武汉：武汉大学，2020.

[56] 向秋华．基于心理契约的中国企业知识型员工管理创新研究［D］．长沙：中南大学，2007.

[57] 马俊．员工视角的企业社会责任、人力资源管理与组织绩效关系实证研究［D］．天津：南开大学，2014.

[58] 柳丽华．企业知识型员工绩效管理研究［D］．济南：山东大学，2006.

[59] 王正春．员工行为管理模式研究［D］．北京：首都经济贸易大

学，2006.

[60] 艾亮．企业文化建设研究［D］．天津：天津大学，2012.

[61] 张长立．西方管理组织理论创新研究［D］．苏州：苏州大学，2003.

[62] 陈江华．学习型组织理论研究综述与评价［J］．北京交通大学学报（社会科学版），2014，13（2）：65-71.

[63] 郝辽钢，刘健西．激励理论研究的新趋势［J］．北京工商大学学报（社会科学版），2003（5）：12-17.

[64] 王培玉，傅勇．激励理论在企业管理中的运用［J］．企业经济，2011，30（7）：39-41.

[65] 唐贵瑶，李鹏程，陈扬．授权型领导对企业创新的影响及作用机制研究［J］．管理工程学报，2016，30（1）：52-60.

[66] 李燚，魏峰．领导理论的演化和前沿进展［J］．管理学报，2010，7（4）：517-524.

[67] 毛云芳．西方领导方式理论综述［J］．企业改革与管理，2011（12）：12-15.

[68] 曾华霖．"场"的物理学定义的澄清［J］．地学前缘，2011，18（1）：231-235.

[69] 冯立波．中国企业精神的哲学自觉［D］．长春：东北师范大学，2021.

[70] 李海舰，杜爽，李凌霄．企业家精神形成的影响因素研究［J］．企业经济，2022，41（1）：35-44.

[71] 左静，魏玉芝，苏永玲．企业家精神与文化传承［J］．商业文化，

2021（24）：24-25.

[72] 彭花，贺正楚，张雪琳．企业家精神和工匠精神对企业创新绩效的影响［J］．中国软科学，2022（3）：112-123.

[73] 张兵红，章敏．中国传统文化视角下新时代企业家精神的培育研究［J］．老区建设，2021（24）：58-63.

[74] 黄文锋．企业家精神［M］．北京：中国人民大学出版社，2018：304.

[75] 单翔．家国情怀：中国企业家精神的信仰基因［J］．南京社会科学，2021（10）：171-180.

[76] 程海水，徐莉．新时代企业家精神：内涵、影响因素及培育路径［J］．企业经济，2022，41（7）：87-93.

[77] 周文辉，李兵，李婉婉．数字平台的企业家精神、行动学习与商业模式演进［J］．科学学与科学技术管理，2022，43（6）：72-88.

[78] 穆占劳．论中国传统文化中的“和合”思想［J］．理论前沿，2008（3）：30-31.

[79] 李刚．和合思想及其演变［J］．西北大学学报（哲学社会科学版），2001（1）：70-75.

[80] 纪光欣，宋红燕．以中致和：管理的和合本质追问——基于传统和合思想的阐释［J］．领导科学，2021（6）：44-47.

[81] 张卫东．基于和合文化的和合目标管理［J］．中国文化与管理，2021（1）：109-118；156.

[82] 黄如金．和合管理：探索具有中国特色的管理理论［J］．管理学报，2007（2）：135-140；143.

[83] 邓伟升，许晖．当东方遇到西方——管理移植与创新视角下的闫希

军"理性和合"管理思想探索［J］. 管理学报，2020，17（5）：633-644.

［84］张海峰 . 企业文化结构［D］. 太原：山西财经大学，2014.

［85］邵洪波 . 道治 · 德治 · 法治——企业文化之"理念层、行为层、制度层"一体论［J］. 现代国企研究，2012（10）：80-87.

［86］李继先 . 企业文化结构层次新论［J］. 中州学刊，2010（6）：44-47.

［87］岳顺民 . 心岳集［M］. 北京：中国文联出版社，2022.